Andrea Camilleri wurde 1925 in Porto Empedocle, Sizilien, geboren. Er ist Schriftsteller, Drehbuchautor und Regisseur und lehrte über zwanzig Jahre an der Accademia d'Arte Drammatica Silvio D'Amico. Seit 1998 stürmte jeder Titel des Autors die italienische Bestsellerliste. Mit seinem vielfach ausgezeichneten Werk hat er inzwischen einen festen Platz auch auf den internationalen Bestsellerlisten erobert. Andrea Camilleri ist verheiratet, hat drei Töchter, vier Enkel und lebt in Rom.

«Dieses Buch zeugt von der einzigartigen Fähigkeit Camilleris, unvergessliche Frauenfiguren zu erschaffen.» *Eleonora Andreatta, Leiterin von Rai Fiction*

«Da merkt man, dass große Literatur nicht immer nur die Sechshundert-Seiten-Schwarte sein muss. Bei Camilleri tun sich auf ein paar Absätzen große Geschichten auf.» *Stefan Sprang, hr1*

«Camilleri in seiner Bestform!» *Bücherschau*

Andrea Camilleri

Frauen

Aus dem Italienischen von
Annette Kopetzki

Rowohlt Taschenbuch Verlag

Die Originalausgabe erschien 2014 unter dem Titel
«Donne» bei RCS Libri S.p.A., Milano.

Veröffentlicht im Rowohlt Taschenbuch Verlag,
Reinbek bei Hamburg, Dezember 2017
Copyright © 2017 by Rowohlt Verlag GmbH,
Reinbek bei Hamburg
«Donne» Copyright © 2014 by RCS Libri S.p.A., Milano
Umschlaggestaltung any.way, Barbara Hanke und Cordula Schmidt
Umschlagabbildung «Woman at the Café» von Antonio Donghi,
Öl auf Leinwand, 1931, Fondazione Musei Civici di Venezia.
Aus der Sammlung von Ca' Pesaro –
Galleria Internazionale d'Arte Moderna
Satz Guardi PostScript, InDesign,
bei Pinkuin Satz und Datentechnik, Berlin
Druck und Bindung CPI books GmbH,
Leck, Germany
ISBN 978 3 499 27138 0

Inhalt

Angelica

In zwei Angelicas war ich verliebt. Die Angelica, die Ludovico Ariosto in seinem *Rasenden Roland* erschuf, weihte mich in das Gefühl der Liebe ein, eine erregende, qualvolle Erfahrung.

Mit sechs Jahren lernte ich flüssig lesen. Seither habe ich nicht mehr aufgehört. Ich hatte meinen Vater um die Erlaubnis gebeten, Bücher aus seiner Bibliothek zu nehmen, und meine erste Lektüre war ein Roman von Conrad, *Almayers Wahn*. Mein Vater war kein Intellektueller, aber er hatte eine Vorliebe für gute Bücher. Wild durcheinander las ich Conrad, Melville, Simenon, Chesterton, Maupassant und von den Italienern Alfredo Panzini, Antonio Beltramelli, Massimo Bontempelli …

Meine Großeltern mütterlicherseits wohnten in der Wohnung neben uns, doch die Bibliothek von Großvater Vincenzo interessierte mich nicht. Sie war voller Handbücher über Getreideanbau und Viehzucht, außerdem standen da ein paar Werke über Kindererziehung, aber Romane fehlten völlig. Großvater sammelte auch eine Heftreihe über Geschichte, Geographie und Wirtschaft der Regionen Italiens. Die meisten Hefte hatte er binden lassen, doch etwa dreißig Stück lagen lose auf dem untersten Bord des Bücherregals.

Eines Tages bemerkte ich ganz zufällig, dass sich unter diesem Stapel ein großes Buch versteckte. Ich zog es hervor. Es war von beträchtlichem Umfang, zweimal so groß wie ein normales Buch. Auf dem schweren rotbraunen Einband stand in vergoldeten Buchstaben geschrieben: Ludovico Ariosto, *Orlando Furioso*. Die glänzenden Seiten waren aus dickem Papier. Schon auf den ersten Blick beeindruckten mich die wunderbaren Illustrationen von Gustave Doré.

Ich nahm das Buch an mich und brachte es in mein Zimmer. Ohnehin hätte niemand sein Verschwinden bemerkt.

Von da an lebte ich ein paar Jahre lang mit Angelica zusammen, deren äußerer Erscheinung ich hoffnungslos verfallen war. Dorés Stichen verdankte ich auch die unbeschreiblich erregende Erfahrung, zum ersten Mal den nackten Körper einer Frau zu sehen. War das Buch womöglich wegen dieser Zeichnungen halb versteckt gewesen?

Angelica wurde von Doré nie ohne Schleier gezeichnet, doch ich verlieh ihr den Körper eines anderen Mädchens, das nackt an einen Ast gefesselt war und dessen Bild ich an einer anderen Stelle im Buch gesehen hatte, ich habe vergessen, wo. Mit dem Zeigefinger fuhr ich behutsam über die Umrisse ihres Körpers, streichelte sie mit geschlossenen Augen, während mein Herz laut klopfte und ich mir den Namen Angelica unablässig aufsagte, wie eine Litanei.

Ich erinnere mich auch, dass dem Zehnjährigen, dessen Geist seit vier Jahren von ausgezeichneter und alles andere als kindgerechter Lektüre geprägt wurde, zwei Episoden des Poems unvergesslich blieben. Eine war die Geschichte von Fiammetta, die es schafft, ihre beiden Liebhaber zu betrügen, während sie zwischen ihnen im Bett liegt. Die andere war die Geschichte von Angelica, die sich, obwohl sie von heldenhaften Kriegern und reichen Adeligen umworben wird, in den armen Schäfer Medoro verliebt und mit ihm fortgeht, um ihr Leben mit ihm zu teilen.

Ich verstand, warum Orlando außer sich gerät, als er das erfährt, doch instinktiv verstand ich Angelicas Entscheidung noch besser und schlug mich auf ihre Seite.

Im ersten Jahr auf dem Gymnasium ging ich in eine gemischte Klasse. Alle meine Kameraden verliebten sich sofort in Liliana. Ich nicht, denn sie war zwar unbestreitbar schön, aber Angelica zu unähnlich.

Immer bevor wir ins Klassenzimmer gingen, hängten wir unsere Mäntel an die Kleiderhaken im Flur. Wenn der Unterricht beendet war, rannten meine Klassenkameraden nach draußen, um Lilianas Mantel zu holen und ihr beim Anziehen zu helfen. Das war ein Wettbewerb, bei dem es nicht ohne Schubsen und Beschimpfungen abging.

Fast immer gewannen die zwei kräftigsten Jungen, Giogìo und Cecè, Söhne reicher Kaufleute, stets gut gekleidet, immer Geld in der Tasche. Mich, den Sohn eines kleinen Angestellten, beachteten sie nicht einmal.

Doch eines Tages drehte sich Liliana zu Cecè um, der ihr den Mantel hinhielt, und befahl ihm kalt:

«Häng ihn wieder hin.»

Verblüfft gehorchte Cecè. Dann rief Liliana völlig unerwartet meinen Namen. Ich hatte die Szene beobachtet und ging gerade zum Ausgang, nun wandte ich mich überrascht um. Sie hatte mich bisher nur selten angesprochen.

«Andrea, hältst du mir den Mantel, bitte?»

Von dem Tag an war ich immer der Zelebrant dieses Rituals. Und so wurden mir verschiedene Privilegien zuteil, um die man mich glühend beneidete, allen voran, Liliana von der Schule nach Hause begleiten zu dürfen. Außerdem genoss ich Dinge, von denen niemand je erfuhr: ihre Hand, die meine suchte, ein rascher Kuss auf meine Wange, ein kaum hörbares «Ich mag dich» …

Und so entdeckte ich, dass in jeder Frau, mehr oder weniger verborgen, etwas von Angelica steckt.

Der anderen Angelica begegnete ich in Rom, es war Ende 1949 oder Anfang 1950, ich erinnere mich nicht genau.

Ich studierte Regie an der Accademia Nazionale d'Arte Drammatica, die damals von Silvio D'Amico, dem Gründer der Theaterakademie, geleitet wurde. Ein Stipendium erlaubte mir, fünfundzwanzig Tage im Monat ziemlich gut zu leben, die restlichen fünf oder sechs versank ich immer in Armut. Dann musste ich mich zum Mittagessen mit einem Cappuccino und einem Hörnchen begnügen. Fast immer setzte ich mich dafür in ein Café auf der Piazza Venezia an der Ecke zur Via del Corso.

Eines Tages bemerkte ich am Nebentisch eine schmächtige alte Dame, geschmackvoll gekleidet, die ebenfalls einen Cappuccino und ein Hörnchen bestellt hatte. Sie hob den Kopf und sah mich einen Augenblick lang an. Mein Herz machte einen Sprung.

Sie hatte genau die gleichen großen, sehr lebhaften Augen wie meine Großmutter Elvira. Ich liebte Großmutter innig, sie vermisste ich in Rom mehr als meine Eltern. Vielleicht blieb mein Blick zu lange an der alten

Dame hängen, denn sie sah mich abermals an, diesmal lächelnd. Dieses Lächeln und dieser Blick übten einen unbeschreiblichen Zauber aus, im Nu brachten sie all die Jahre, die auf der Dame lasteten, zum Verschwinden und ließen sie wieder zum Mädchen werden. Ich konnte mich nicht beherrschen. Meine Beine bewegten sich von allein, ohne dass ich es ihnen befohlen hätte. Ich nahm meine Tasse und das Hörnchen, stand auf und ging zu ihrem Tisch.

«Darf ich?»

Sie bedeutete mir, Platz zu nehmen. Dann fragte sie ein wenig verwundert: «Haben Sie mich erkannt?»

Warum hätte ich sie erkennen sollen?

«Nein, aber Sie ... ich bitte um Entschuldigung, Sie erinnern mich so sehr an meine Großmutter, dass ...»

Sie lächelte. Ach, dieses Lächeln!

«Wie heißt Ihre Großmutter?»

«Elvira.»

«Ich heiße Angelica. Angelica Balabanoff.»

Ich fuhr zusammen, fast wäre ich vom Stuhl gefallen. Natürlich wusste ich, wer Angelica Balabanoff war: die große russische Revolutionärin, Freundin von Lenin, die Frau, die auf Mussolini großen Einfluss hatte ...

Der Satz entwischte mir, bevor ich ihn zurückhalten konnte:

«Und wie war Lenin so?»

Diese Frage musste man ihr tausendmal gestellt haben. Sie antwortete sofort.

«Ein Mann von kompromissloser Aufrichtigkeit. Ein grausamer Engel.»

Doch sie hatte nicht die Absicht, mit mir über Politik zu

sprechen, denn sie wechselte sofort das Thema und fragte mich, was ich machte. Als sie erfuhr, dass ich Theater studierte, leuchteten ihre Augen auf. Sie fing an, mich zu duzen.

«Was kennst du von Tschechow?»

«Alles, glaube ich.»

«Als junge Frau», seufzte sie, «wäre ich in der *Möwe* die perfekte Nina gewesen.»

Und sie begann, mit großer Begeisterung und Fachkenntnis über Tschechow zu sprechen. Doch sie redete nicht mit mir, um mich zu belehren, sondern auf Augenhöhe, als wäre sie eine meiner Mitstudentinnen an der Akademie. Ohne es zu merken, strich sie von Zeit zu Zeit über meinen Handrücken.

So entdeckte ich, dass die zweite Leidenschaft der Balabanoff, neben der Politik, das Theater war. Als ich gehen musste und mich von ihr verabschiedete, sagte sie: «Bis morgen. Und sag nicht Signora zu mir, nenn mich Angelica.»

Ich weiß nicht, warum, am nächsten Tag ging ich mit Herzklopfen zum Café, wie zu einer Verabredung mit einer Geliebten. Ich hatte niemandem erzählt, dass ich sie kennengelernt hatte, meine Freunde hätten es sowieso nicht verstanden.

Sie sagte mir nie, wo sie wohnte und wie sie ihre Tage verbrachte. Der Monat endete, wir hatten uns fünf Mal gesehen, am nächsten Tag würde ich mein Stipendium ausgezahlt bekommen. Somit war das Intermezzo der Cappuccini vorerst beendet.

«Angelica, darf ich Sie morgen zum Mittagessen einladen?»

Sie blickte mich überrascht an. Dann sagte sie zu.

«Ja, einverstanden.»

Sie ließ sich die Adresse des Restaurants geben und versprach, um ein Uhr dort zu sein. Dann erklärte sie, sie habe jetzt eine Verabredung und müsse leider los. Zum Abschied reichte sie mir die Hand. Ich beugte mich vor und berührte sie kurz mit den Lippen. Da stellte sie sich auf die Zehenspitzen, küsste mich auf die Wangen und umarmte mich.

Sie erschien nicht nur nicht im Restaurant, sie kam auch nicht mehr in das Café. Sie verschwand aus meinem Leben. Darunter litt ich lange.

Antigone

In der Tragödie *Sieben gegen Theben* schilderte Aischylos den von Polyneikes ausgelösten Bruderkrieg gegen Theben, aus dem Kreon, der König der Stadt, als Sieger hervorging. Sophokles schrieb dann mit seiner Tragödie *Antigone* eine Art Fortsetzung der Geschichte.

Kreon befiehlt, dass der Leichnam des Polyneikes, der als Verräter gilt, unbestattet bleibt und den Geiern zum Fraß vorgeworfen wird. Doch eines Nachts überraschen Wachen die junge Antigone, Polyneikes' Schwester, als sie gerade versucht, den Bruder zu begraben. Ein solcher Verstoß gegen das königliche Verbot wird mit dem Tode bestraft. Vor Kreon rechtfertigt die junge Frau sich nicht, sondern beruft sich stolz darauf, den Gesetzen der Götter gehorcht zu haben, die in diesem Fall mit den menschlichen Gesetzen in Konflikt geraten sind. Sie ist bereit, ihr tragisches Schicksal anzunehmen, gibt weder Drohungen noch Schmeicheleien nach.

Kreon verurteilt sie tatsächlich zum Tode, sie soll lebendig in einer Höhle begraben werden. Doch Antigone erhängt sich. Und die Toten schreien nach weiteren Toten. Haimon, Kreons Sohn und Verlobter der Antigone, tötet sich, weil er seine Liebste verloren hat. Eurydike, Kreons Gattin, wird aus Trauer über den Verlust ihres Sohnes ebenfalls den Tod suchen. Der König kann dem Untergang seiner Familie nur ohnmächtig zusehen.

Die Figur der Antigone hat seither viele Bühnenautoren inspiriert.

Kurz nach dem Zweiten Weltkrieg schrieb der französische Dramatiker Jean Anouilh einen langen Einakter. Darin wird Antigone als eine Figur gezeichnet, der die Auflehnung in die Wiege gelegt ist («Ich bin auf die Welt gekommen, um nein zu sagen und zu sterben»), und König Kreon als ein Pragmatiker, der aus seinen Sachzwängen agiert.

Viele lasen darin eine kaum verhüllte Verteidigung des Vichy-Regimes von Marschall Pétain, der während der Besetzung Frankreichs mit den Nazis kollaborierte.

Ich habe auch eine Antigone kennengelernt.

Natürlich nicht die literarische Figur, sondern ein Mädchen aus Fleisch und Blut, in deren Leben es jedoch dieselbe tragische Dimension und denselben düsteren, felsenfesten Willen der klassischen Heldin gab.

Ich bin ihr bei einer Talkshow im Fernsehen begegnet, bei der ich einen meiner allerersten Montalbano-Romane vorstellen sollte. Unter den Gästen war auch ein schmales Mädchen, brünett, große Augen, kaum älter als zwanzig, ungeschminkt und blass. Sie trug einen dunklen Pullover und Jeans, saß ein wenig zusammengekrümmt auf ihrem Stuhl, offensichtlich eingeschüchtert vom Publikum. Der Moderator stellte sie vor, ich hatte ihren Namen noch nie gehört. Er sagte, das Mädchen habe eine außergewöhnliche Geschichte zu erzählen.

Etwa in der Mitte der Sendung erteilte er ihr dann das Wort.

Sie begann zögerlich, mit Mühe, verriet beim Sprechen eine leichte sizilianische Färbung, und auch als sie nach einer Weile Mut gefasst hatte und unbefangener erzählte, klang ihre Stimme flach, verriet keinerlei Gefühlsregung. Sie nannte einfach nur die Fakten, mehr nicht. Und sie bewegte dabei keinen Muskel, machte keine Geste. Ihre Hände lagen im Schoß, ihr Kopf war ein wenig zur linken Seite geneigt, die Füße standen nebeneinander, der Blick war starr geradeaus gerichtet. Dabei sprach sie von Ereignissen, die ihr Leben zerstört hatten.

Sie erzählte, wie ihr Vater und ihr achtzehnjähriger Bruder eines Tages nicht rechtzeitig zum Abendessen zurückgekehrt waren. Wie sie, von der Mutter gedrängt, aufs Feld hinausgegangen war. Und wie sie im Stall die Leichen des Vaters und des Bruders gefunden hatte, fürchterlich entstellt von einem Jagdgewehr.

Sie war ins Dorf zurückgerannt und zur Kaserne der Carabinieri gestürzt. Die Ermittlungen konnten schnell abgeschlossen werden, die Carabinieri verhafteten zwei Mafiosi, die sogar in derselben Straße wohnten wie ihre Opfer. Wie sich rausstellte, hatten ihr Vater und ihr Bruder sich geweigert, den erpresserischen Forderungen der Gewalttäter zu gehorchen.

Doch dank irgendeiner juristischen Spitzfindigkeit waren die Täter, obwohl sie des zweifachen Mordes angeklagt blieben, bis zum Beginn des Prozesses wieder auf freien Fuß gesetzt worden. Ein Jahr war seither vergangen, von dem Prozess sprach niemand mehr.

Das Mädchen lief den beiden Mördern jeden Tag über den Weg und wurde von ihnen stets mit einem ironischen, herausfordernden Grinsen bedacht.

Hier machte das Mädchen eine kurze Pause.

Sie hob den Kopf, reckte den Oberkörper und sagte mit derselben, fast monotonen Stimme, mit der sie bis jetzt gesprochen hatte: «Das ist nicht richtig, das ist keine Gerechtigkeit. Eines Tages werde ich sie töten. Wenn ich es nicht tue, bringen sie vorher mich um.»

In diesem Moment lief mir und wohl allen Zuschauern im Saal ein kalter Schauer über den Rücken, denn es stand außer Zweifel, dass sie es tun würde. Und dass es ihr nichts ausmachen würde zu sterben.

Gleichzeitig begriff ich, dass dieses Mädchen aus demselben Holz geschnitzt war wie Antigone und dass Antigone in genau dem Ton zu Kreon gesprochen hatte, in dem wir die junge Sizilianerin sprechen hörten – ohne Nachdruck, ohne überflüssige Gesten, vor allem aber mit jener ruhigen, übermenschlichen Entschlossenheit, zu der nur bestimmte Frauen fähig sind.

Beatrice

Halten wir uns an die Fakten. Im Jahr 1274 begegnet ein neunjähriger Junge mit Namen Dante, Sohn des Alighiero di Bellincione d'Alighiero, in Florenz einem Mädchen von acht Jahren, das Bice heißt und die Tochter eines gewissen Folco Portinari ist. Vielleicht lächeln die beiden sich an oder wechseln einen skeptischen Blick, auf jeden Fall ist das die ganze Begegnung. Doch dieser flüchtige Moment wird sich im Gedächtnis des Jungen festsetzen und im Lauf der Zeit zu ungeheurer Größe ausdehnen.

1277 wird Dante, gerade mal zwölf Jahre alt, vom Vater mit Gemma di Manetto Donati verlobt.

1283 begegnet der achtzehnjährige Dante abermals Bice. Er grüßt sie, und sie antwortet höflich, obwohl sie sich höchstwahrscheinlich fragt, wer dieser junge Mann wohl sein mag. Wie die erste Begegnung hat auch diese keine Folgen. Doch der Gruß wird für ihn nicht nur zu einem besonderen Erlebnis, sondern revolutioniert auch die Dichtkunst und bringt eine neue Sicht auf die Frau hervor.

So ganz holdselig scheint, so reich an Sitte
Die Liebste, sieht man sie im Gruß sich neigen,
Dass Zittern jeden Mund befällt und Schweigen,
Und keinem Aug' ein dreister Blick entglitte …

Ist das nicht ein bisschen viel für einen einfachen Gruß? Und was wäre passiert, wenn das Mädchen sogar gesprochen, ein paar Sätze mit ihm gewechselt hätte? Wäre eine Panik in der Stadt ausgebrochen?

Vier Jahre später heiratet Bice Simone di Geri de' Bardi. Und sie stirbt am 8. Juni 1290. Dante heiratet seine Verlobte Gemma wahrscheinlich 1295. Aus der Ehe gehen drei Jungen und ein Mädchen hervor.

Es gilt als gesichert, dass Dante und Beatrice (so wird Bice vom Dichter umgetauft) niemals Gelegenheit hatten, einander wirklich kennenzulernen, also nie auch nur ein Wort wechseln konnten. Sie blieben einander vollkommen fremd. Dennoch wird Beatrice für Dante immer und ewig «meine Liebste» bleiben, die Frau, die er ein Leben lang liebt und schließlich zu seiner Führerin durch das *Paradies* verklärt.

Ich muss an dieser Stelle meine vollkommene, ja, eingefleischte Unfähigkeit bekennen, diese Geschichte, die als eine sublime Art der Liebe gilt, zu verstehen. Ist Liebe denn nicht immer ein Spiel zwischen zweien? Die arme Bice hat nicht die leiseste Ahnung von dem Riesenspektakel, das Dante in ihrem Namen veranstaltet, sie ist himmelweit davon entfernt, sich für einen Engel oder etwas Ähnliches zu halten, sie ist eine treue Ehefrau und gute Mutter. Nie käme sie auf den Gedanken, dass sie zum Objekt nicht der Liebe, sondern des einsamen, rein geistigen Lasters dieses Dante geworden ist. Denn wenn der sich einmal auf etwas versteift hatte, gab es kein Halten mehr.

Francesco Petrarca schreibt in einem Brief an seinen Freund Giovanni Boccaccio, er habe Dante anlässlich eines Besuches bei seinem Vater nur einmal gesehen, als er noch ein Knabe war. Obwohl Petrarca endlose Lobeshymnen auf den Dichterfürsten singt, gibt er hier und da in einem Halbsatz zu verstehen, dass Dante stur seine Ziele verfolgte und auf nichts anderes bedacht war, als sich einen großen Namen zu verschaffen. Und nichts auf der Welt hätte ihn dazu bringen können, vom eingeschlagenen Wege abzuweichen.

Dante geht also so weit, sich eine Frau zurechtzuzimmern, die in der Wirklichkeit niemals existierte, und er stellt dieses Gebilde seiner Vorstellung so lange vor die wahre Bice, bis es sie auslöscht, sie zum Verschwinden bringt.

Wir müssen auf Petrarcas Dichtung warten, um eine Frau wieder in ihrer untrennbaren Einheit von Leib und Seele geschildert zu sehen, der «wahren Gestalt», wie es der Dichter nennt. Ironie des Schicksals: Während wir von Beatrice alles wissen, fehlt uns jede Information über Petrarcas Laura. Eines ist jedoch sicher: Diese Frau, die der Dichter am 6. April 1327 in der Kirche Santa Chiara in Avignon zum ersten Mal sah, hat wirklich existiert, und zwischen den beiden entbrannte eine übermächtige Leidenschaft.

Ebenso unbestreitbar ist, dass wir noch bis zu Boccaccios *Decamerone* warten müssen, um dort endlich wieder die ganze Fülle von Frauengestalten zu finden, so wie sie wirklich waren und sind, ohne Überhöhung oder Herabsetzung, mit all ihren Tugenden und Makeln.

Auch ich habe eine Beatrice gehabt, die aber Bice genannt wurde. Meine Geschichte mit ihr passt jedoch nicht zu Dantes Dichtung, sondern eher zu Boccaccios Erzählungen.

Bei uns in Sizilien endete der Krieg im Sommer 1943.

Ein paar Monate lang musste sich alles neu ordnen, dann brach eine große Lebenslust aus.

Unser Freundeskreis, der sich in den letzten Schuljahren gebildet und später, nach der Landung der Alliierten, zerstreut hatte, fand sich wieder, mit ein paar Lücken zwar, die aber bald geschlossen wurden. Wir waren etwa ein Dutzend knapp zwanzigjähriger Männer und Frauen, und wir veranstalteten jedes Wochenende Tanzfeste, die von acht Uhr abends bis drei Uhr morgens und länger dauerten. Die Treffen fanden reihum in den Ferienhäusern auf dem Land oder am Meer statt, natürlich ohne die Eltern. Abwechselnd sorgte einer von uns für Proviant: drei große Laibe duftender «cuddriruni», eine runde Focaccia, die beim Bäcker bestellt und in Scheiben geschnitten wurde, und ein paar Flaschen guter Wein. Im Grunde waren wir genügsam, wir betranken uns nicht. Liebesgeschichten gab es keine, höchstens ein paar Fälle unverkennbarer Sympathie.

Die Lust am Zusammensein, am Tanzen und Trinken und daran, einander unsere Hoffnungen anzuvertrauen, wurde im darauffolgenden Sommer noch stärker. Jetzt sahen wir uns jeden Abend bei Sonnenuntergang und machten lange Spaziergänge. 1944 war der erste Friedenssommer für uns. Und es war, das ahnten wir dunkel, der Abschied von der Jugend.

Eines Tages – am 1. Juli, ich erinnere mich genau – überraschten Bice und Filippo uns alle mit der Ankündigung ihrer Verlobung. Die beiden erzählten uns, dass sie sich schon seit langem heimlich trafen. Wir hatten nichts davon bemerkt. Um den Freundeskreis für das zu entschädigen, was wir als Verrat ansahen, verdammten wir

Filippo – mit seinen einundzwanzig Jahren der Älteste und auch der mit den reichsten Eltern – dazu, den ganzen Monat lang unseren Proviant zu bezahlen.

Bald aber fiel mir auf, dass sich in Bices Verhalten mir gegenüber etwas verändert hatte. Bis zu diesem Moment waren Bice und ich echte Freunde gewesen. Sie war eine schöne junge Frau, achtzehn Jahre alt, größer als ich, strahlend, langes, rotblondes Haar, schlanke, wohlgeformte Beine. Sie im Badeanzug zu sehen, war ein Genuss. Wir tanzten oft zusammen, vor allem beim Boogie-Woogie verstanden wir uns blind. Da sie nun aber mit Filippo verlobt war, erschien es mir natürlich, dass sie nur noch mit ihm tanzte. Doch eines Samstags Ende Juli kam sie auf mich zu und sagte, sie habe Lust, mit mir zu tanzen.

«Legen wir einen Boogie auf?»

«Nein, etwas Langsames. Nimm *Stardust*.»

Beim Tanzen drückte sie mich etwas fester an sich, dabei sah sie mich eindringlich an. Plötzlich flüsterte sie mir zu: «Ich sage es nur dir. Anfang Oktober heirate ich.»

Als die Platte zu Ende war, kehrte sie zu Filippo zurück. Der tanzte nicht so gerne, lieber schnappte er sich jemanden, zog ihn beiseite und verwickelte sein Opfer in ein Gespräch über Philosophie. Darum schien er auch keineswegs verstimmt, als Bice kurz darauf erneut zum Angriff auf mich überging. Doch diesmal war Bices Körper für alle sichtbar an meinen gepresst. So sehr, dass es mich verwirrte.

«Bice, was ist los mit dir?», fragte ich überrascht und verlegen.

«Stell keine Fragen.»

Wenn es ihr so gefiel …

Beim letzten Tanz flüsterte sie mir ins Ohr: «Halt dir den nächsten Samstag frei.»

Am kommenden Freitag verkündete Bice uns während des abendlichen Spaziergangs, dass ihre Eltern verreist seien, das Haus am Meer also zur Verfügung stehe. Darum solle das Tanzfest am folgenden Abend bei ihr stattfinden. Und sie fügte hinzu, Filippo und sie würden schon am Vormittag hinfahren. Darauf wandte sie sich an mich: «Kommst du mit uns?»

Ich war versucht, nein zu sagen. Was sollte ich dort, der lästige Dritte?

Doch ihr Blick überredete mich. Ich willigte ein. Am nächsten Morgen brachen wir mit Fahrrädern auf, Bice, Filippo, ich und Marina, Filippos siebzehnjährige Schwester, eine Art Wachhund der beiden Verlobten. In der Villa angekommen, zogen wir unsere Badesachen an und gingen zum Strand hinunter. Die Hitze war kaum zu ertragen. Filippo öffnete den Sonnenschirm, den er im Haus gefunden hatte, und flüchtete sich mit Marina in den Schatten. Bice und ich gingen derweil ins Wasser. Wir schwammen weit hinaus, irgendwann schlang Bice unter der Wasseroberfläche ihre Beine um meine. Küssen konnten wir uns nicht, vom Strand aus hätte man uns gesehen. Nach einer Weile wurde sie unruhig, ließ mich los und schwamm auf das Ufer zu.

Kaum am Sonnenschirm angekommen, sagte sie in gebieterischem Ton zu Filippo: «Ich habe Lust auf Seeigel. Kommst du mit?»

Seeigel zu sammeln bedeutete, in der sengenden Sonne einen Kilometer weit über den heißen Sand bis zur Scala dei Turchi zu wandern. Filippo lehnte ab und sah mich an. Da wurde mir klar, dass Filippos Weigerung von Bice eingeplant war. Ich holte das Messer aus der Strandtasche, und wir gingen los. Kaum waren wir außer Sichtweite, fingen wir an zu laufen, die Begierde brannte stärker als die Sonne. Der Strand war menschenleer. Keuchend fielen wir in den Schatten eines Felsvorsprungs aus weißem Kalkstein.

Zwei Stunden lang liebten wir uns wild und ohne Pause, wir wechselten kein einziges Wort, vergaßen die Seeigel, die Zeit, die ganze Welt.

Auch auf dem Rückweg sprachen wir nicht. Unsere Hände berührten sich kein einziges Mal. An diesem Abend tanzte sie nur mit Filippo, und für mich wurde sie wieder die Freundin, die sie immer gewesen war. Und so wie ich sie damals nicht nach dem Warum gefragt habe, frage ich mich auch heute nicht danach, siebzig Jahre später.

Bianca

Der Name und die Geschichte von Bianca Lancia dürfen in dieser Sammlung nicht fehlen, und zwar wegen einer kurzen, herzzerreißenden Biographie Biancas, die ich vermutlich vor langer, allzu langer Zeit gelesen habe. Ich sage «vermutlich», weil ich diese Biographie, obwohl ich später überall danach gesucht habe, nie wiedergefunden habe, und auch an den Namen des Autors erinnere ich mich nicht. Schlimmer noch, Biancas Geschichte, wie sie bei Wikipedia zusammengefasst wird, stimmt ganz und gar nicht mit meiner Erinnerung überein. Ich bin darum zu dem Schluss gekommen, dass besagte Biographie eine Phantasie oder sogar ein Traum war. Solche Streiche spielt uns das Gedächtnis mitunter.

Ich beginne mit der offiziellen Version.

Bianca ist die Tochter von Bonifacio I., Conte di Agliano und Marchese di Buscavisse. Bonifacios Bruder, Manfredi II., ein treuer Gefolgsmann des Stauferkaisers Friedrich II., ist außerdem ein so guter Freund des Kaisers, dass dieser ihn 1240 zum Reichsvikar in Italien und später zum Stadthauptmann von Asti und Pavia ernennen wird. Als Friedrich 1225 in zweiter Ehe Jolante von Brienne heiratet (seine erste Frau war Konstanze von Aragon), ist die Familie Lancia zu den Feierlichkeiten eingeladen. Bei dieser

Gelegenheit sieht Bianca den Kaiser nicht nur zum ersten Mal, sie verliebt sich auch gleich Hals über Kopf in ihn und wird, *ipso facto* oder fast, seine Geliebte.

Ihre Verbindung wird von langer Dauer sein. Bianca und Friedrich bekommen drei Kinder: Costanza (1230), Manfred (1232) und Violante (1233). Friedrich hatte viele Geliebte und Kinder, doch zweifellos genießt Bianca eine bevorzugte Stellung, nicht zuletzt weil sie die Mutter des von Friedrich innig geliebten Manfred ist. Als Friedrichs dritte Frau Isabella von England, die er 1235 heiratete, im Jahr 1241 stirbt, erhält Bianca das mit der Festung Monte Sant'Angelo verbundene Lehensgut. Hier, erzählen die Chronisten, lebt sie wegen Friedrichs krankhafter Eifersucht lange in völliger Abgeschiedenheit. Denn immer wenn ihn die Besitzgier überfällt, geht er dazu über, die Geliebte völlig von der Welt zu isolieren.

Den Historikern Pantaleo und Pater Bonaventura da Lama zufolge scheint er dies auch getan zu haben, als Bianca mit Manfred schwanger war: Er sperrt sie im Kastell Gioia del Colle ein. Nach der Entbindung soll Bianca sich umgebracht haben, indem sie sich die Brüste abschneidet und sie, zusammen mit dem Neugeborenen, dem Kaiser bringen lässt. Wie hätte sie aber als Tote Violante noch gebären können?

Andere Chronisten berichten, dass Friedrich sie um 1246 heimlich *in articulo mortis* heiratet, weil Bianca schwer krank ist. Und tatsächlich soll sie wenige Tage nach der Eheschließung gestorben sein. Doch Salimbene de Adam bietet in seiner Chronik eine ganz andere Version. Er erzählt, dass Bianca sich in Wahrheit einer ausgezeichneten Gesundheit erfreut, aber die Schwerkranke spielt, nur um geheiratet zu werden, und dass sie Friedrich, der 1250 stirbt, sogar überlebt. Sie inszeniert also den gleichen Betrug wie Filumena Marturano in De Filippos herrlicher, gleichnamiger Komödie. Die Behauptung des Historikers Salimbene, Bianca habe Friedrich überlebt, führt uns nun direkt zu der Geschichte, die ich geträumt oder gelesen habe. Hier ist sie.

Im Jahr 1212 begibt sich der achtzehnjährige Friedrich, König von Sizilien, damals noch nicht Kaiser, nach Genua, um sich den Beistand von Genuas Schiffsflotte zu sichern. Dort weilt er zweieinhalb Monate und besucht gelegentlich Manfredi Lancia in einem seiner Kastelle im Piemont. Hier lernt Bianca, die fast noch ein Kind ist, ihn kennen und verliebt sich in ihn. Als Friedrich nach Sizilien zurückkehrt, gelobt sich das Mädchen, dies sei der Mann ihres Lebens. Als junge Frau ist sie sehr begehrt, lehnt jedoch alle Heiratsanträge ab. Ihren Traum wird sie sich dreizehn Jahre später erfüllen. Friedrich erwidert ihre Liebe aufrichtig, die Gedichte, die er schreibt und den anderen Poeten der Sizilianischen Dichterschule, von Giacomo da Lentini bis Pier delle Vigne, vorliest, sind alle Bianca gewidmet. Sie bleibt ihm immer verbunden, auch während langer Zeiten der Einsamkeit in den kalten Burgen Monte Sant'Angelo und Gioia del Colle. Nach dem Tod des Kaisers zieht Bianca sich in ein Kloster zurück, wo sie Jahre später stirbt. Ins Kloster nimmt sie nur einen kleinen Schrein mit, in dem sie sieben Dinge verwahrt, die sie für immer an Friedrichs Liebe erinnern werden. Schmuck ist nicht dabei.

In der kurzen Biographie, die ich glaube gelesen zu haben, werden die sieben Dinge nicht näher benannt. Und genau das hat mich neugierig gemacht. Was legte sie in den Schrein? Mit Sicherheit ein paar der Gedichte, die Friedrich für sie geschrieben hatte. Und was noch?

Als Mann werde ich es vielleicht nie erraten können. Man muss eine Frau sein und jahrelang liebend und wiedergeliebt an der Seite eines Mannes gelebt haben, den die Historiker als «Stupor mundi», als Staunen der Welt, bezeichneten, um, vielleicht, eine Antwort darauf zu finden.

Carla

Es war mein achtundzwanzigster Geburtstag, und ein nettes Paar in meinem Alter hatte mich zum Essen eingeladen, um im Freundeskreis zu feiern.

Kurz nach zwei Uhr nachts verließ ich leicht angetrunken die Wohnung und ging zur Tramstation. Die Straßen waren menschenleer, obwohl es eine herrliche Nacht im milden römischen September war.

An der Haltestelle saß ein Mädchen auf dem Boden, den Rücken an den Pfahl mit dem Fahrplan gelehnt, die Knie bis unters Kinn gezogen und von ihren Armen umschlungen. Sie saß da mit gesenktem Kopf, deshalb war ihr Gesicht nicht zu sehen, das außerdem von langen blonden Haaren verdeckt wurde. Mir kam es vor, als schliefe sie. Auch als die Straßenbahn sich ratternd ankündigte, bewegte sie sich nicht. Ich bückte mich und berührte ihre Schulter.

«Wachen Sie auf, die Straßenbahn kommt.»

Langsam hob sie den Kopf. Riesige blaue Augen, aus denen dicke, lautlose Tränen tropften. Sie sprach nicht, sie machte nicht die geringsten Anstalten aufzustehen. Ich kniete mich vor sie.

«Geht es Ihnen nicht gut?»

«Doch.»

«Warum weinen Sie dann?»

«Ich weine?», fragte sie, ehrlich überrascht.

Das Mädchen fuhr sich mit der Hand übers Gesicht, warf einen Blick auf ihre Handfläche und wischte sie an ihrer Jeans ab.

«Stimmt», sagte sie, «das habe ich gar nicht gemerkt.»

Unterdessen hatte die Straßenbahn gehalten und war wieder weitergefahren.

Sie nahm ihre vorherige Position wieder ein. Da ich die Bahn verpasst hatte, blieb mir nichts anderes übrig, als zum nächsten Taxistand zu gehen, denn ich hatte keine Lust, eine Stunde auf die nächste zu warten. Ich erhob mich, doch sie hielt mich zurück und sagte, ohne sich zu rühren: «Geh nicht weg.»

Sie sagte es, wie man jemanden um eine Zigarette bittet. Ohne jede Betonung. Ich setzte mich ihr gegenüber auf den Bürgersteig. Sie blieb eine Weile stumm, dann fing sie wieder an zu sprechen, zusammengekrümmt wie ein Igel.

«Ich heiße Carla, und du?»

Ich nannte ihr meinen Namen. Sie hob ruckartig den Kopf.

«Mein erster Freund hieß wie du. Ich hab ihn sehr gern gehabt. Er ist tot.»

Sie senkte den Kopf wieder. Mit einem Mal wurde mir bewusst, wie verrückt die Situation war.

«Hör mal, Carla», sagte ich, «ich bin etwas müde und möchte schlafen gehen. Wenn du willst, nehme ich dich ein Stück mit.»

«Ich habe vergessen, wo ich wohne», sagte sie, «darum sitze ich hier. Ich warte darauf, dass es mir wieder einfällt.»

«Hast du denn keine Brieftasche, Ausweis, irgendwas …»

«Nichts. Ich habe alles verloren, vielleicht sind mir die Sachen auch geklaut worden, ich weiß nicht.»

War das ihr Ernst, oder machte sie Witze? Ihr Tonfall klang, als ob sie die Wahrheit sagte.

«Aber was willst du machen, wenn du dich nicht mal erinnern kannst, wo du wohnst? Gehst du in ein Hotel?»

«Ich habe nicht einen Centesimo.»

«Wo willst du dann die Nacht verbringen?»

«Keine Ahnung.»

Ich fasste einen schnellen Entschluss. Sie könne zu mir nach Hause kommen, schlug ich vor, ich wohnte mit einem Freund zusammen, der diese Nacht nicht da sei und erst am späten Vormittag zurückkomme, also könne sie in seinem Zimmer schlafen.

«Einverstanden. Aber ich möchte nicht, dass du dir falsche Vorstellungen machst … na ja, ich bin keine …»

«Ich verstehe», sagte ich, «mach dir keine Sorgen.»

Sie stand auf, und wir gingen zum Taxistand.

Sie war größer als ich, hatte eine Figur wie ein Fotomodell. Wahrscheinlich war sie in meinem Alter. Manchmal ging sie langsamer, blieb stehen, runzelte die Stirn, blickte sich um, verwirrt und erstaunt. Dann ging sie weiter.

Wir kamen zu einer ziemlich befahrenen Allee, auf der anderen Straßenseite war der Taxistand. Rechts von uns kam ein Auto angerast. Wir blieben auf dem Gehweg stehen, um es vorbeifahren zu lassen. Da fing Carla zu meiner Überraschung plötzlich an zu zählen: «Eins … zwei … drei!»

Bei drei sprang sie auf die Straße und stürzte auf das Auto zu. Vor Entsetzen schloss ich die Augen. Aber den erwarteten Aufprall und das Bremsgeräusch hörte ich nicht, sondern bloß ein verzweifeltes Quietschen von Reifen. Ich öffnete die Augen und sah, dass der Fahrer ihr hatte ausweichen können und sie nur gestreift hatte. Er fuhr weiter.

Carla blieb reglos mitten auf der Straße stehen, wo schon die nächsten Autos ankamen. Ich lief zu ihr, doch um sie auf den Mittelstreifen in Sicherheit zu bringen, musste ich sie an den Schultern packen und fast mitschleifen.

«Bist du wahnsinnig?», rief ich.

«Nein.»

«Warum hast du das dann gemacht?»

«Ich hatte Lust dazu.»

Ich zitterte noch von dem Schreck, während sie vollkommen gelassen war. Im Taxi blickte sie mich plötzlich an, als hätte sie mich noch nie gesehen.

«Wie heißt du noch mal?», sagte sie.

«Andrea.»

«Du bist der erste Andrea, den ich kennenlerne. Ich heiße Stefania.»

Hatte sie mir nicht gesagt, dass …? Ich fragte nicht weiter.

Kaum waren wir bei mir zu Hause angekommen, sagte sie: «Ich brauche Wasser.»

«Hast du Durst?»

«Nein, ich will es über mir.»

«Du willst duschen?»

«Ja, mir ist gerade das Wort nicht eingefallen.»

Ich zeigte ihr erst, wo sie schlafen konnte, dann das Bad und ging anschließend in mein Zimmer. Nach einer Viertelstunde stand sie tropfend und splitternackt in der Tür. Sie sah atemberaubend aus.

«Ich kann das Wasser nicht abstellen.»

Ich ging ins Bad und drehte den Wasserhahn zu. Sie trocknete sich nicht ab, sondern legte sich ins Bett, ohne gute Nacht zu sagen. Ihre Kleider hatte sie im Bad gelassen. Sorgfältig durchsuchte ich ihre Jeans, eine sehr teure Marke. Alle Taschen waren leer, ich fand nur ein Taschentuch.

Ich schlief fest. Als ich aufwachte, war es zehn Uhr morgens. Sofort fiel mir Carla ein. Oder Stefania? Ich stand auf, ging in ihr Zimmer und fand nur das zerwühlte Bett vor. Im Bad waren ihre Kleider nicht mehr da. Sie war gegangen.

Ich sah meine Hose, die auf dem Boden lag. Gestern Abend hatte ich sie im Bad gelassen, an einen Haken hinter der Tür gehängt. Als ich sie aufhob, entdeckte ich darunter mein Portemonnaie. Darin steckten, das wusste ich genau, meine letzten lumpigen viertausend Lire. Jetzt waren es nur noch dreitausend.

Carmela

Oder: Elegie auf meine Tränen als Siebzehnjähriger.

Der Film, der an jenem Abend 1942 im einzigen Kino meiner Heimatstadt gezeigt wurde, trug den Titel *Carmela*, und die Hauptrolle spielte Doris Duranti.

Ich war weniger von der Geschichte als von den Bildern und der schauspielerischen Leistung der Duranti verzaubert. Regisseur war Flavio Calzavara, und der Film basierte, was mich damals sehr erstaunte, auf einer Erzählung von Edmondo De Amicis. Für mich war De Amicis der Verfasser des einfältigen Buchs *Cuore*, mehr nicht.

Hier dagegen ging es um die Geschichte einer verschlossenen, wunderschönen Frau auf einer kleinen Insel, die zu Sizilien gehört. Das Leben der Frau ist zur Isolation verdammt. Sie verliebt sich in den Offizier der Garnison und wird seine Verlobte. Doch der Offizier verlässt sie, als er versetzt wird. In ihre Einsamkeit zurückgeworfen, verfällt Carmela langsam dem Wahnsinn, wie ein Segelschiff ohne Steuermann, das, nur von einem Windhauch bewegt, aufs offene Meer hinausfährt. Ein leiser, melancholischer Wahnsinn. In dem neuen, jungen Offizier, der den Platz des versetzten Kameraden einnimmt, glaubt sie ihre große Liebe wiederzuerkennen. Den jungen Mann lässt Carmelas Schicksal nicht ungerührt, er verliebt sich ebenfalls in die Schönheit und das sanfte Wesen des Mädchens, ja, er kann sie sogar wieder zur Vernunft bringen, indem er das Spiel mitspielt. Der Höhepunkt des Schauspiels, das der Offizier aufführt, ist ein Lied, das er zum Besten gibt. An die erste Strophe erinnere ich mich noch gut:

> *Carmela, zu deinen Füßen*
> *sitze ich friedlich,*
> *und dir in die Augen blickend,*
> *dein Gesicht küssend,*
> *werde ich mein Leben verbringen.*

Zuletzt laufen, wie in schönen Märchen, Carmela und der Offizier in den Hafen der Ehe ein. Klarer kann kein Happy End sein.

Warum weinte ich dann?

Ich schicke voraus, dass ich erst in weit fortgeschrittenem Alter in den großen Kreis derer eingetreten bin, die im Kino in Tränen ausbrechen. Es sind sehr viele, ich kenne sogar Schauspieler, die beim Betrachten tragischer Szenen, in denen sie selbst mitgespielt haben, anfangen zu weinen. Omar Sharif ist ein gutes Beispiel.

Ich erinnere mich nicht, dass ich vor meinem siebzigsten Lebensjahr je vor der Leinwand geweint hätte, außer bei jenem einen Mal. Es war nicht die Geschichte, die mich rührte, sondern das eindrucksvolle, wunderschöne und verstörte Gesicht der Duranti in manchen Momenten ihres Wahnsinns. Eines Wahnsinns, der natürlich von der verlorenen Liebe herrührte, doch vor allem von dem Wissen, dass sie eine abermalige, noch tragischere Einsamkeit erwartete.

Der Anblick dieses Gesichts löste auch in mir ein Psychodrama aus. Und auf einmal verstand ich, dass meine Unruhe, meine Schwermut, meine Unausgeglichenheit weniger meinem Alter geschuldet waren als dem Vorgefühl, oder besser, der Angst, so zu enden wie Carmela und die Isolation, zu der ich mich verurteilt fühlte, nicht durchbrechen zu können. Noch am selben Abend beschloss ich, meine Heimat früher oder später zu verlassen.

Carmen

Das Libretto zu Bizets berühmter Oper verdankt sich zwei bekannten Bühnenautoren, die immer gemeinsam arbeiteten, Henri Meilhac und Ludovic Halévy. Doch es ist kein Originallibretto, es basiert auf der gleichnamigen Novelle, die der Schriftsteller und Dramatiker Prosper Mérimée dreißig Jahre zuvor, etwa um die Mitte des 19. Jahrhunderts, schrieb.

Wenn ich mich recht erinnere, sollte Bizets Werk im Tempel der französischen Oper, l'Opéra, aufgeführt werden, doch dort waren noch Restaurierungsarbeiten in Gang, nachdem ein Brand das Haus verwüstet hatte. So wurde die Uraufführung in einen, sagen wir, niederen Tempel verlegt, l'Opéra-Comique.

Als der Direktor, der gestrenge Monsieur de Leuven, 1873 einen ersten zerstreuten Blick auf das Libretto von Meilhac und Halévy warf, erstarrte er buchstäblich vor Schreck. Sofort brachte er schwerwiegende Bedenken hinsichtlich der Angemessenheit des Schauspiels vor. Seiner Meinung nach würde eine so freizügige und rebellische Frauenfigur wie Carmen – er gebrauchte sogar das Wort «skandalös» – die gutbürgerlichen Familien, die sein Theater zu besuchen pflegten, verstören.

Zu allem Überfluss wird Carmen von einem eifersüchtigen Liebhaber erstochen (gerade sie, bei der das Messer locker sitzt!). So weit die Erinnerung aller Direktoren des Theaters reichte, hatte man auf dieser ruhmreichen Bühne noch nie eine Hauptfigur auf so grausame Weise sterben sehen. Könnten die Herren Autoren des Librettos, entsprechend auch der Komponist, nicht vielleicht die kleine Mühe auf sich nehmen, ein weniger blutiges Finale zu ersinnen?

Nach langem Hin und Her sah de Leuven keinen anderen Ausweg, als würdevoll seinen Rücktritt einzureichen, und sein Nachfolger, Monsieur du Locle, gab freie Bahn, obgleich auch er große Bedenken hegte.

Die Oper wurde 1875 uraufgeführt, und die Reaktion war, es konnte nicht anders sein, außerordentlich zwiespältig.

Eine «skandalöse» Frau wie Carmen musste ja erschrecken. Obwohl es natürlich nicht an Stimmen fehlte, die bemerkten, dass der tödliche Messerstich die gerechte Strafe für ein lasterhaftes Leben darstelle. Mochten Frauen daraus die gebotenen Konsequenzen ziehen! Mochte es für sie eine heilsame Katharsis wie bei der griechischen Tragödie sein!

Damals konnte freilich niemand voraussehen, wie fruchtbar das von Carmen vergossene Blut war.

Es sollte nämlich auf den Schauspielbühnen einen ganzen Garten an weiblichen Figuren erblühen lassen, die noch viel gefährlicher waren als die «Zigarrendreherin».

Beginnen wir mit Nora Helmer, der Hauptfigur von Ibsens *Nora oder Ein Puppenheim* (1879), die den Ehemann und eine gesicherte Existenz verlässt, um sich ihre moralische Unabhängigkeit zu bewahren.

Wie war das, bitte? Eine Frau, der ihr treu ergebener Ehemann es an nichts fehlen lässt, die im Wohlstand lebt, deren schönes Heim an eine niedliche Puppenstube erinnert, verlässt das eheliche Haus, bloß weil sie sich alberne Flausen in den Kopf gesetzt hat? Hätte sie ihren Mann wegen eines Geliebten verlassen, ja das hätte man im Grunde sogar verstehen können. Und wieder geradebiegen. Aber so, ohne einen echten, konkreten Anlass … Lange wurde dieses Werk Ibsens als ein feministisches Manifest gedeutet, doch der Autor erklärte in einem Vortrag vor einer Frauenvereinigung, vielleicht um sich der Verantwortung zu entziehen, er habe lediglich eine Idee der Ehe entwerfen wollen, die Aufrichtigkeit zwischen den Eheleuten nicht ausschließt.

Nora wurde dennoch als ein gefährliches Vorbild angesehen, denn sie hätte andere Frauen dazu verführen können, ihr Recht auf Eigenständigkeit des Denkens zu fordern, während die Gesellschaft nur *ein* Denkmuster anerkannte: das des Mannes, des Familienoberhauptes. Und so durfte, um das Risiko der Ansteckung zu vermeiden, das Stück in einigen Ländern Europas nur unter der Bedingung zur Aufführung kommen, dass ein letzter Akt angefügt wurde, in dem Nora ihre Tat bereut, nach Hause zurückkehrt und ihren Mann anfleht, ihr zu vergeben.

Und was soll man zu Hedda Gabler sagen, einer anderen Frauenfigur Ibsens, die ein von ihr selbst und um sie herum fein gesponnenes Netz aus familiären Kompromissen zerstört, indem sie sich erschießt?

«Aber so etwas tut man doch nicht!», lautet der letzte Satz des Stücks. Und er wird ausgerechnet von dem Menschen gesprochen, der die Hauptfigur sexuell erpresst hat.

Mit aller Wahrscheinlichkeit hat dieser Satz die Meinung der meisten Zuschauer ausgedrückt.

1888 betritt dann Strindbergs Fräulein Julie die Bühne, eine junge Frau, die in der Mittsommernacht ihren sinnlichen Bedürfnissen nachgibt und den virilen Diener Jean verführt.

Soll das ein Witz sein? Ist es möglich, dass eine Frau ihre niederen Instinkte nicht zügeln kann und sich selbst besudelt, indem sie sich dem Erstbesten hingibt, ohne die geringste Rücksicht auf ihren gesellschaftlichen Stand? Wo soll das noch enden, wenn wir so weitermachen?

Die wahrlich nicht beruhigende Antwort scheint uns ein paar Jahre später Wedekind mit seiner Lulu zu geben, der Hauptfigur von *Die Büchse der Pandora*. Lulu ist die vollkommene Verkörperung des als Herrschaftsinstrument verstandenen Sexes. Schicksalhaft zieht sie jeden Mann in den Strudel der Sinnenlust und endet sogar selbst als Opfer von Jack the Ripper.

Glücklicherweise wird sich, ausgehend von Frankreich, gegen Ende des Jahrhunderts die Mode des Varietés und des Vaudeville verbreiten. Die Frauen werden wieder ihrer anmutig vorgeführten Reize wegen vergöttert, nicht ihrer gefährlichen Gedanken wegen. So konnte das anständige bürgerliche Publikum wieder ruhig schlafen.

Und ich werde mir, nachdem diese Zeilen geschrieben sind, statt der üblichen Zigarette eine Zigarre anzünden.

Natürlich zu Ehren von Carmen.

Desdemona

Wenn man sie liest, ist Shakespeares bejubelte Tragödie *Othello* eine veritable Pfuscherei. Es gibt unzählige Widersprüche in der Zeitenfolge, den Charakteren und der Psychologie der Figuren. Shakespeareforscher haben sich in die aberwitzigsten Ausreden geflüchtet, ohne dass es ihnen gelungen wäre, diese Ungereimtheiten aufzulösen. All die Mängel verschwinden jedoch wie durch Zauberei, sobald man von der Lektüre zur Darstellung auf der Bühne übergeht.

Die überwältigende Mehrheit der Kritik definiert das Werk als eine «Tragödie der Eifersucht».

Aber ist es das wirklich?

Shakespeare ließ sich bekanntlich von der siebten Novelle der dritten Dekade der *Ecatommiti*, einer Sammlung von hundert Novellen des Italieners Giovan Battista Giraldi Cinzio, inspirieren. Ob er sie im Original oder in der französischen Übersetzung las, weiß man nicht. Jedenfalls gab Cinzio keiner Figur seiner Novelle einen Namen, mit Ausnahme von Desdemona. Die Namen, die in Shakespeares Tragödie auftauchen, von Othello bis Jago, von Cassio bis Emilia, von Brabantio bis Rodrigo, sind also allesamt der Phantasie des Dramatikers entsprungen.

Und was bewog ihn, aus der Hauptfigur «The moor

of Venice», also einen Mann mit schwarzer Hautfarbe zu machen?

Vermutlich liegt es darin begründet, dass Cinzio zwei reale Vorbilder für die Figur hatte: den Patrizier Cristoforo Moro, der Gouverneur von Zypern war, und den «capitano moro», der wegen seiner dunklen Haut so genannt wurde, aber eigentlich ein Süditaliener mit Namen Francesco da Sessa war.

Shakespeare machte daraus mit voller Absicht einen «echten» Schwarzen, einen tapferen General der Republik Venedig, der mit seinen Heldentaten die blutjunge Tochter des Senators Brabantio verführt und sie heimlich heiratet.

Als der Senator durch Jago brutal von der Heirat in Kenntnis gesetzt wird («Jetzt rammelt ein alter, schwarzer Bock Euch Euer weißes Schäfchen!»), gerät er vor Wut außer sich und bezeichnet die Verbindung als «Blutsverrat». Dieses Wort enthält meiner Meinung nach den Kern der Tragödie. Ich komme am Schluss darauf zurück.

Außerdem beschuldigt der Senator Othello, sich Desdemona hörig gemacht zu haben, indem er ihr mit mysteriösen Zaubertränken und magischen Sprüchen den eigenen Willen nahm. Und auch hier ist die rassistische Anspielung überdeutlich: Othello erscheint als eine Art Schwarzkünstler, der solche Zauberrituale im Blut hat.

Der Senator bringt den Fall vor den Stadtrat unter Vorsitz des Dogen, doch gleichzeitig erscheint dort ein Bote und kündigt einen drohenden Angriff der Türken auf Zypern an, worauf der Rat General Othello in Begleitung seiner frisch angetrauten Desdemona unverzüglich zur Verteidigung der Insel entsendet.

Und hier muss ich eine der Inkongruenzen erwähnen.

Vom Aufbruch des Paares nach Zypern bis zum Ende der Tragödie vergehen kaum sechsunddreißig Stunden. Bedenkt man, was alles in diesem Zeitraum passiert, ist das zu wenig, als dass Desdemona und ihr vermeintlicher Geliebter Cassio einen geeigneten Moment hätten finden können, um, wenn schon nicht gemeinsam ein ungestörtes Plätzchen aufzusuchen, so doch wenigstens ein paar flüchtige Zärtlichkeiten auszutauschen.

Blind vor Eifersucht, die von Jagos Unterstellungen fortwährend angefacht wird, verliert Othello, den man ohnehin nicht als einen besonnenen Menschen bezeichnen würde, jeden Sinn für Logik. Und das kann man verstehen.

Aber warum verteidigt sich Desdemona ihrerseits nicht mit logischen Argumenten? Wenn schon nicht gegenüber Othello, der Vernunftgründen mittlerweile nicht mehr zugänglich ist, so doch wenigstens vor sich selbst, indem sie die Logik zu ihrem Vorteil benutzt?

Ich erkläre, was ich meine. Keine Frau der Welt, die von ihrem Mann des Ehebruchs bezichtigt wird, würde sich verteidigen, indem sie sich gerade nicht verteidigt, wie Desdemona es im Grunde tut. Ein solches Verhalten wendet sich zwangsläufig gegen sie selbst, es muss Othellos Verdacht bestärken.

Als dieser erklärt, dass er sie töten werde, antwortet sie: «Dann, Gott, erbarm dich meiner!»

Othello hält ihr vor, er habe das Taschentuch, das er ihr einst als Liebespfand geschenkt hatte, in Cassios Händen gesehen, woraufhin Desdemona erwidert, Cassio habe es wahrscheinlich auf dem Boden gefunden. Was sogar wahr sein könnte, doch wenn es auf diese Weise gesagt wird, muss es wie eine Lüge erscheinen.

Und jedes Mal, wenn Othello sie als Dirne bezeichnet und sie anklagt, ihn betrogen zu haben, stellt sie Fragen wie: Mit wem? Warum? Wie? Kein einziges Mal aber fragt sie: Wann? Auf diese Frage hätte Othello nämlich keine Antwort gewusst, weil es für den Ehebruch tatsächlich gar nicht genug Zeit gegeben hätte.

Dieses passive und unbewusst sogar kooperierende Verhalten hat mich immer irritiert.

Vielleicht findet sich die Erklärung in einem Satz, der während der ersten heftigen Eifersuchtsszene fällt, als sie mit Bezug auf ihren Vater zu Othello sagt: «Ist er dir verloren, ist er's auch mir.»

Desdemona ist bewusst, dass sie aus Liebe jenen Blutsverrat begangen hat, den ihr Vater Brabantio entsetzt herausschrie. Durch ihre Ehe hat sie Freundschaften, soziale Bindungen und Sympathien verloren. Desdemona weiß genau, dass diese Ehe, die nicht hätte sein dürfen, erneut zum Gegenstand von Zwist und Streit werden wird, wenn das kurze Intermezzo auf Zypern beendet ist und sie und Othello nach Venedig zurückkehren.

Im Grunde ahnt Desdemona also, dass ihre Verbindung mit Othello, einem Schwarzen, auf die eine oder andere Weise zum Untergang verurteilt ist.

Darum ergibt sie sich in ihren angekündigten Tod, und erst in den allerletzten Augenblicken begehrt ihre Jugend auf. Aber da ist es zu spät.

Nein, es ist kein Drama um Othellos Eifersucht.

Hinter diesem Drama verbirgt sich ein anderes, größeres Drama, eben das des Blutsverrats. So gesehen, wird nämlich alles klar: Desdemona bietet sich als Opfer an, damit ihr Tod die Gesellschaft von diesem Verrat erlöst.

Wenn man aber unbedingt auf dem Thema der Eifersucht bestehen will, dann ist meiner Meinung nach nicht Desdemona das Opfer, sondern Othello, und die Eifersuchtstragödie betrifft Jago. Dieser handelt so, wie er handelt, weil er eifersüchtig auf Cassio ist, der Othellos besondere Gunst genießt. Und weil er eifersüchtig auf Othello selbst ist, der, wie es scheint, den Reizen von Jagos Frau Emilia nicht abgeneigt wäre.

Aber damit würde ich schon ein anderes Thema anschneiden.

Desideria

Eine Tochter Desiderata zu nennen, ist eines, sie Desideria zu nennen, etwas ganz anderes. Wenn ich nicht irre, bedeutet Desiderata, von anderen erwünscht zu werden, Desideria (Neutrum Plural) dagegen, viele und durchaus unterschiedliche eigene Wünsche zu haben. Als Vater würde ich mich hüten, einer Neugeborenen, die ja eines Tages ein Mädchen, eine Frau und eine Ehefrau sein wird, einen so wenig vertrauenerweckenden Namen zu geben.

Glücklicherweise widerlegen Töchter, wenn sie heranwachsen, oft ihre Taufnamen. Eine Grazia, Bella oder Serena wird nicht selten zum Musterbeispiel von Unanständigkeit, Hässlichkeit oder Hysterie.

Die Desideria, die ich kannte, wurde indes von allen begehrt und hegte selbst keinerlei Verlangen nach irgendetwas.

Wunderschön war sie und von einer Liebenswürdigkeit und Vornehmheit, die viele auf eine adelige Herkunft zurückführten. Falsch, sie war die einzige Tochter eines ehrgeizigen Weinhändlers, und er hatte sie in sündhaft teuren Schweizer Internaten erziehen lassen.

Nachdem ich ein paar Monate lang mit ihr ausgegangen war, wurde mir klar, dass der Lärm der Welt bei ihr als jenes leise Rauschen ankam, das wie Meeresrauschen klingt, wenn man sich die Öffnung einer großen Muschel ans Ohr hält.

Das Leben konnte sie, im Guten wie im Schlechten, nur sehr selten streifen.

Das war bei ihr kein erlerntes Verhalten, sondern eine angeborene Unfähigkeit, die Wirklichkeit wahrzunehmen.

In den Augen der jungen Männer, die sie umschwärmten, las man den Wunsch, leidenschaftlich um sie zu werben, und gleichzeitig die völlige Ratlosigkeit, wie sie das am besten anstellen könnten.

Sie ahnten, dass Desideria, auch wenn sie durchaus imstande war, jeden Einzelnen von ihnen beim richtigen Namen zu nennen, sie in Wirklichkeit als Individuen nie richtig kennenlernen konnte, weil sie immer an der Oberfläche blieb.

Ich für meinen Teil hatte sofort intuitiv erkannt, welche Technik ich bei ihr anwenden musste. Ich sagte nie: «Willst du mit mir ins Kino gehen?»

Ich achtete darauf, dass die anderen mich nicht hörten, und befahl ihr schlicht und einfach: «Wenn du keine anderen Verpflichtungen hast, gehst du heute mit mir ins Kino.»

Denn wenn ich sie gefragt hätte, ob sie Lust habe, mit mir ins Kino zu gehen, hätte sie garantiert nein gesagt.

Ich muss es noch einmal betonen: Nie hörte ich sie den kleinsten Wunsch aussprechen. Sie akzeptierte, was ihr angeboten wurde, und wenn sie keine Lust dazu hatte, lehnte sie mit einem freundlichen Kopfschütteln ab. Nicht einmal in Situationen, die sich nachteilig für sie auswirkten, ergriff sie die Initiative. Wie damals am Meer.

Wir waren zu dritt, sie, ich und unser gemeinsamer Freund Mario. Wir setzten sie in den Schattenfleck, den der Sonnenschirm warf. Dann musste ich für ein paar Stunden weg. Als ich zurückkam, lag Desideria in der prallen Sonne, ihre Haut war gerötet. Sie glühte.

«Warum hast du nicht dafür gesorgt, dass sie sich woanders hinlegt?»

«Ich hab sie gefragt, ob sie in den Schatten wollte, und sie hat nein gesagt.»

Er hatte die Frage falsch gestellt.

«Geh in den Schatten!», schrie ich sie an.

Sie gehorchte augenblicklich und warf mir einen dankbaren Blick zu.

Diejenigen, die sie kannten, hatten unterschiedliche Meinungen über ihre Persönlichkeit. Einige hielten sie einfach nur für dumm, andere für eine Unglückliche, die von krankhafter Schüchternheit gelähmt war, wieder andere sahen in ihr einen herrlichen Körper ohne Seele. Ein Freund und Danteforscher hatte ihr den Spitznamen Belacqua gegeben, nach der Figur der *Göttlichen Komödie*, die zu Füßen des Berges sitzt, der ins Fegefeuer führt, und dort in alle Ewigkeit sitzen bleibt, weil sie sich aus Faulheit oder Feigheit weigert, den Berg zu besteigen.

Sie irrten alle – Desideria wünschte sich nicht im Geringsten, so zu sein, wie sie war.

Eines Abends machten wir einen gemeinsamen Ausflug nach Viterbo, wo wir das Wochenende verbringen wollten. Als es Zeit wurde, gute Nacht zu sagen, flüsterte Mario, der von mir gelernt hatte, wie man sie behandeln musste, Desideria zu: «Schließ deine Tür nicht ab.»

Sie sah ihn überrascht an, sagte aber nichts. Als Mario

sicher war, dass wir anderen schliefen, stand er auf, schlich vorsichtig durch den Flur, drehte den Knauf ihrer Zimmertür, sie öffnete sich, er trat ein und schloss die Tür hinter sich.

Eine Straßenlaterne warf ein wenig Licht in das Zimmer. Desideria saß im Nachthemd auf einem Stuhl. Sie hatte ihn erwartet.

Mario hieß sie aufstehen, zog ihr das Nachthemd aus, befahl ihr, sich aufs Bett zu legen.

«Umarme mich.»

Desideria umarmte ihn.

«Küss mich.»

Desideria küsste ihn.

Jäh richtete Mario sich auf. Er fühlte sich plötzlich wie ein Schuft. Schließlich wäre es so etwas wie eine Vergewaltigung gewesen.

Er beugte sich vor, legte seine Lippen auf ihre Stirn.

«Bitte entschuldige. Gute Nacht», sagte er.

«Gute Nacht», antwortete sie ruhig.

Zwei Jahre später heiratete Desideria einen guten Freund von mir, Tullio: adelig, wohlhabend und rasend verliebt in sie.

Ich weihte ihn in die geheime Methode ein, mit der man sie zum Jasagen brachte. Aber er musste große Beharrlichkeit aufwenden.

Desideria starb bei der Geburt ihres ersten und einzigen Kindes.

Während der Beerdigung zog Tullio mich beiseite.

«Weißt du was?», stammelte er unter heftigem Schluchzen. «Dieses Kind hat sie wirklich gewollt. Es ist das Einzige, was sie in unserer Ehe von mir verlangt hat. Ich will keine Kleider und keinen Schmuck von dir, sagte sie, als wir zum ersten Mal miteinander geschlafen haben. Ich will nur ein Kind.»

Elvira

Zwei Elviras haben im Abstand von vielen Jahren eine entscheidende Rolle in meinem Leben gespielt. Die erste war meine Großmutter mütterlicherseits, Elvira Capizzi, geborene Fragapane, die Frau, die meine Phantasie aufblühen ließ und mir lange Zeit half, sie richtig zu gebrauchen.

Großmutter pflegte mit Gegenständen zu sprechen, mal im Dialekt, mal in unterschiedlichen, frei erfundenen Sprachen, denn, so erklärte sie mir mit dem größten Ernst, ein Stuhl spricht nicht wie ein Klavier oder ein Kochtopf.

Einmal, als wir in unserem Haus auf dem Land das Mittagessen beendet hatten und alle hinausgegangen waren, blieb sie noch am Tisch sitzen, und ich hörte, wie sie sich mit einem Salzstreuer aus feinem Glas unterhielt.

«Wie alt bist du, Salzding? Zweihundert Jahre? Wirklich? Hast meinen Urgroßvater, meinen Großvater und meinen Vater sterben sehen? Ja? Und was tust du jetzt? Guckst mich an und wartest drauf, dass ich auch sterbe? Ja? Den Gefallen werd ich dir aber nicht tun!»

Sie nahm den Salzstreuer und warf ihn vom Balkon in den Hof hinunter.

Wenn sie sich an ihre Kinder oder an mich wandte, spickte sie verständliche Sätze oft mit erfundenen Wörtern, die zwar fast immer wunderschön klangen, für uns aber schwer zu verstehen waren.

Oder sie vertauschte die Bedeutung von Wörtern. Wir hatten einen großen Holzofen, und es machte ihr große Freude, das Brot aus Hartweizen für die ganze Familie selbst zu backen. Vorher verkündete sie mit der größten Unbefangenheit: «Morgen früh gehe ich huren.»[*]

Sie kannte die Bedeutung des Verbs genau, machte sich aber einen Spaß daraus, es auf ihr Hantieren mit dem Ofen anzuwenden. Ihren Kindern oblag es, eventuell anwesenden schockierten Gästen zu erklären, was ihre Mutter wirklich am nächsten Morgen tun würde.

Wenn ich Lust hatte, Barbier zu spielen und mit den Rasierutensilien meines Vaters in der Hand zu ihr kam, wurde nur das Rasiermesser durch ein Küchenmesser ohne Schliff ersetzt. Sie setzte sich sofort auf einen Stuhl, ließ sich Küchentücher um den Hals binden und sagte: «Na schön, aber Ihr rasiert mich nicht nur, sondern stutzt mir bitte auch ein bisschen die Haare.»

Als ich einmal den Wunsch äußerte, Feuerwehrmann zu spielen – wir waren auf dem Land –, zögerte sie keinen Moment und machte mir im Hof ein großes Feuer, das ich nicht löschen konnte. So breitete es sich schnell aus, doch zum Glück kam ihr Sohn Massimo mit einem Bauern zu Hilfe geeilt. Ich erinnere mich, dass Großmutter sich bei der Gelegenheit viel mehr amüsierte als ich.

Eines Tages sollte ich mir ihre Katze anschauen, die auf ihrem Schoß lag: «Findest du nicht auch, dass sie grinst?»

---

[*] Die Großmutter benutzt das Verb «fornicare» (Unzucht treiben, huren), weil darin das Wort «forno» (Ofen) anklingt.

Sie hatte recht, und ich sagte es ihr.

«Wusstest du, dass es ein Grinsen ohne Katze geben kann?»

«Wirklich?»

So kam es, dass sie mich in die phantastische Welt von *Alice im Wunderland* einführte, ein Buch, das sie sehr liebte und das unserer Kultur eher fremd war. Wir wurden Komplizen, nur wir zwei konnten im Kreis der Familie und Freunde Personen erkennen und sie heimlich zu einem verrückten Hutmacher oder Märzhasen machen.

Auf dem Land unternahm ich lange Spaziergänge mit ihr. Wir hielten immer wieder an, weil Großmutter mir mal eine Grille, mal eine Eidechse, mal ein Insekt vorstellte (natürlich mit Vor- und Nachnamen) und mir ausführlich die Lebensgeschichte jedes einzelnen Tieres erzählte. Sie entfachte meine Begeisterung und spornte mich an: «Jetzt habe ich dir von der Grille mit Namen Arturo Cocò erzählt, was kannst du mir denn von ihrem Bruder Giacomino erzählen?»

Tief religiös, doch immer bereit, Sünden und Schuld ihrer Mitmenschen zu entschuldigen, sprach sie nie über Gott und Religion mit mir. Sie sagte nur «Versuch immer, ehrlich mit dir selbst zu sein.»

Sie war die erste Leserin meiner frühen Gedichte, die natürlich ebenso naiv wie schulmeisterlich waren. Zufrieden war sie nicht.

«Schreib so, wie's dir dein Herz eingibt.»

Ich habe ihr kein einziges meiner Bücher gewidmet. Vielleicht weil ich weiß, dass sie sie alle mit mir gemeinsam geschrieben hat.

Die andere Elvira war Elvira Selleric. Nach ihrem Tod

habe ich einmal gesagt, dass unsere Freundschaft nicht von der Art war, wie sie zwischen einem Verleger und seinem Autor entstehen kann. Denn ich bin sicher, dass wir auch Freunde geworden wären, wenn ich Vertreter für Haushaltsgeräte gewesen wäre. 1984 veröffentlichte Elvira «Eine Sache der Ehre», mein erstes Buch, das in ihrem Verlag erschien. Das zweite, «Jagdsaison», kam 1992 heraus. Es lagen also acht Jahre dazwischen, eine Zeit, in der ich als Erzähler geschwiegen habe.

Doch gerade in diesen Jahren hat sich unsere Freundschaft entwickelt und gefestigt. Damals fuhr ich zwei-, dreimal im Jahr in meinen Heimatort in Sizilien und richtete es bei Ankunft und Abfahrt immer so ein, dass ich mindestens einen halben Tag mit ihr in Palermo verbringen konnte.

Daran, wie sie mich anlächelte, sobald sie mich in ihr Büro kommen sah, erkannte ich, wie gern sie mich hatte. Und ich öffnete mich ihr gegenüber wie sonst bei niemandem. Wie viele meiner gut verhehlten Unsicherheiten, Ängste und Unentschlossenheiten sie kannte! Und jedes Mal reiste ich gestärkt und getröstet wieder ab.

Ich begann, sie «Elviru» zu nennen, und sie nannte mich ihren «Herzensfreund».

In all den Jahren fragte sie mich nie, wann ich mein nächstes Buch abgeben würde. Erst als sie mein Theaterstück *Il trucco e l'anima* sah, das auf drei Gedichten von Majakowskij basierte, sah sie mich an und sagte: «Ich glaube, jetzt bist du so weit, dass du wieder mit dem Schreiben anfangen kannst.»

Sie hatte alles verstanden. Dieses Stück war tatsächlich mein heimlicher Abschied vom Theater.

In meinen Augen war sie immer das Paradebeispiel für die besten Eigenschaften der Sizilianerin. Zurückhaltend, hartnäckig, entschlossen, überzeugt von ihren Ideen und bereit, dafür zu kämpfen, doch gleichzeitig überaus sanft, großzügig, verständnisvoll, sehr sensibel.

In der Zeit, als meine Frau und ich im Ruhestand waren, stellten mich die Eigentümer der Wohnung in Rom, wo wir seit über zwanzig Jahren wohnten, vor eine Alternative: Entweder ich kaufte sie für siebenhundert Millionen Lire, oder wir mussten ausziehen.

Wir hatten gar keine Wahl. Als Elvira es erfuhr, rief sie mich an.

«Ich gebe dir das Geld», sagte sie leidenschaftlich.

Ich wusste nicht nur, dass sie das Geld nicht hatte, sondern auch, dass ihr Verlag gerade vor dem Ruin stand.

«Wie willst du das machen? Du hast es ja nicht mal für dich selbst!»

«Ich habe es nicht, richtig, aber für mich ist es einfacher, es aufzutreiben.»

Ich musste eine regelrechte Schlacht schlagen, um sie davon abzubringen.

Kurze Zeit später zeichnete sich zu meinem und Elviras Glück und nicht zuletzt auch dem des Verlags die Silhouette von Commissario Montalbano am Horizont ab.

Francesca

Ich lernte sie als eine strahlende, dreißigjährige Karriere-
frau kennen, sie hatte es zur alleinigen Leiterin einer Fabrik gebracht. Damals, vor über fünfzig Jahren, gab es in
Italien nur sehr wenige Frauen wie sie.

Geboren und aufgewachsen in Mailand, der Vater Italiener, die Mutter Deutsche, hatte sie gleich nach ihrer Promotion in Chemie geheiratet, und ihr reicher Ehemann
Giovanni, Eigentümer mehrerer Firmen, hatte ihr die Lei-
tung einer sehr großen Fabrik übertragen, wo aus sizilianischen Zitrusfrüchten destillierte Parfüms und Essenzen
hergestellt und in die ganze Welt exportiert wurden.

Giovanni hatte seine Frau nicht zur Chefin gemacht,
weil er Managerqualitäten bei ihr vermutete, sondern weil
er damals rasend in sie verliebt war und ihr die Sterne
vom Himmel geholt hätte. So war Giovanni: Für einen
Zeitraum von ein bis drei Jahren war er von einer Frau
geradezu besessen, danach entflammte er regelmäßig für
eine neue Liebe.

Doch bei Francesca hatte er den Fehler gemacht – oder
vielleicht war es gar keiner –, sie zu heiraten, weshalb sie,
auch als es ihren Mann auf der Jagd nach neuen Lieb-
schaften erst nach Australien und dann nach Südamerika
verschlug, an der Spitze des Betriebs blieb.

Mitunter tröstete sich Francesca mit jemandem. Mir übertrug sie die Rolle des besten Freundes, was mich von jeder tröstenden Funktion ausschloss.

Innerhalb von drei Jahren hatte sie so viele neue chemische Mixturen ausgetüftelt, dass der Umsatz ihrer Firma sich vervielfachte. Die Erträge wurden wieder investiert, um die Produktion zu steigern und die Fabrik zu vergrößern.

Wenn man sie im weißen Kittel durch die Labore gehen sah, groß gewachsen, blond, schön, die Haare zum Knoten hochgesteckt, streng, aufmerksam, gerecht im Tadel wie im Lob, wirkte sie fast einschüchternd.

Die Arbeiter liebten sie heiß und innig, sie hätten ihr Leben für sie gegeben. Die Arbeiterinnen respektierten sie.

Außerhalb der Fabrik aber vollzog sich eine geheimnisvolle Verwandlung mit ihr, ja, ihre Persönlichkeit wechselte. Sie trug ihre prächtigen Haare, die ihr bis zur Hüfte reichten, nun offen, zog elegante, knappe Kleider an und – spaltete sich. Ja, sie spaltete sich, mir fällt kein anderes Wort ein, um zu beschreiben, was mit ihr vor sich ging.

Es gab eine Francesca in den Dreißigern, eine erfahrene, um ihre Schönheit und Ausstrahlung wissende Frau, die sich so verhielt, wie man es von ihr erwartete.

Doch gleichzeitig kam eine andere Francesca zum Vorschein, die imstande war, schlagartig auf das Niveau einer Fünfjährigen zu regredieren.

Ich kann unzählige Beispiele dafür geben.

Während eines Abendessens in höchsten Kreisen, umgeben von Botschaftern und Generälen, verkündete sie in einem Moment der Stille, an alle und keinen gewandt: «Ich muss ganz nötig Pipi.»

In einem Luxusrestaurant, der Kellner war gekommen, um unsere Bestellungen für das Dessert entgegenzunehmen, sagte sie: «Einen Lolli.»

Verblüfft entgegnete der Kellner, dass Lollis leider nicht auf der Speisekarte stünden.

«Ich will aber einen!»

«Mach kein Theater», sagte ich zu ihr, «ich kaufe dir draußen einen.»

«Ich will ihn aber jetzt!»

Und sie fing richtig an zu wimmern. Schnell wurde jemand losgeschickt, um einen Lolli zu kaufen. Die anderen Gäste beobachteten uns lachend. Ich wäre am liebsten im Boden versunken. Sie hörte erst auf zu weinen und die Nase hochzuziehen, als ein keuchender Kellner ihr einen Lolli brachte. Sie leckte einmal daran, dann erklärte sie: «Den mag ich nicht.»

Und ließ ihn auf dem Tisch liegen.

Es konnte auch vorkommen, dass sie mitten in einer Beerdigung dringend nach einem Eis verlangte oder während eines Gottesdienstes nach einer Limonade.

Dann gab es die albernen Streiche auf der Straße. Wie den, einem kleinen Mädchen die Puppe zu entreißen und mit frecher Miene oder kindischem Trotz zu behaupten, es sei ihre und das Mädchen habe sie ihr gestohlen. Sich geschickt einen Apfel oder eine Banane von einem Marktstand zu schnappen und zu verschlingen, war eine alltägliche Übung.

Einmal schlich sie sich an einen Straßenpolizisten heran, riss ihm blitzschnell die Mütze vom Kopf und lief damit weg. Der Polizist nahm die Verfolgung auf, doch er musste sich geschlagen geben, denn Francesca war viel schneller. Als ich sie später besuchte, fragte ich, warum sie das getan habe. Sie erinnerte sich schon fast nicht mehr an den Vorfall.

«Ach ja. Die hab ich Maurilio gegeben, er wird sich darin wohl fühlen.»

Maurilio war ihr kleiner, sprechender Papagei.

Carlo, ein Freund von mir und ein paar Monate lang einer ihrer Trostspender, vertraute mir an, dass sie in intimen Situationen von hinreißender Sinnlichkeit sei. Bevor sie ins Bett kam, verbrachte sie über eine Stunde im Bad. Sie duschte, dann schnüffelte sie überall an ihrem Körper und stellte sich abermals unter die Dusche. Dieses Ritual konnte sich drei- oder viermal wiederholen. Schließlich parfümierte sie sich mit einer kostbaren französischen Duftessenz, die Carlo etwas unangenehm war.

«Warum nimmst du eigentlich so viel Parfüm?»

«Darum.»

Eines Nachts rang sie sich dazu durch, ihm den Grund für all das Duschen und Einparfümieren zu gestehen.

«Weißt du, wenn ich aus der Fabrik komme, klebt immer noch der Geruch von Orangenblüte und Bergamotte an mir, er dringt mir richtig in die Haut. Es dauert, bis man diese Gerüche wegkriegt. Um ganz sicher zu sein, dass keine Spur mehr bleibt, trage ich am Schluss dieses Parfüm auf.»

«Ja, aber warum denn bloß? Auch wenn deine Haut nach Orangenblüten und Bergamotte duften würde, glaube ich nicht, dass ...»

«Oh nein, mein Lieber! Wenn ich mit dir schlafe und dabei nach Fabrik riechen würde, hätte ich ja das Gefühl, meinen Mann zu betrügen.»

Helena

Die Geschichte beginnt mit einem Schönheitswettbewerb, der eindeutig manipuliert ist. Oder bei dem getrickst wurde, wenn euch das lieber ist. Ich erzähle der Reihe nach.

Die unfehlbare Prophetin Kassandra, einzigartig in ihrem Gewerbe, doch mit dem unschönen Laster, immer nur Unglück vorherzusagen, warnt Priamos, den König von Troja, und seine Gemahlin Hekuba, der von ihnen gezeugte Junge Paris werde die Ursache für die Zerstörung der Stadt sein. Um eine solche Katastrophe abzuwenden, gibt Priamos Befehl, Paris auf dem Berg Ida auszusetzen. Dort wird das Kind als Schäfer heranwachsen und zu einem schönen jungen Mann werden.

Szenenwechsel.

Auf dem Olymp, der traditionellen Wohnstatt der Götter, ist ein heftiger Streit zwischen Athene, Hera und Aphrodite darüber entbrannt, wer die Schönste ist. Wenn ein solcher Streit schon zwischen gewöhnlichen sterblichen Frauen verheerende Konsequenzen haben kann, ist kaum auszudenken, was drei wetteifernde Göttinnen mit übernatürlichen Kräften erst anrichten könnten! Der Streit muss also sofort geschlichtet werden.

Doch ein Gott, der als Gott den Richter spielen will, findet sich nicht, denn auch dort oben möchte sich keiner in Schwierigkeiten bringen. Also schickt Zeus den Götterboten Hermes auf die Erde, um jemand Geeigneten zu suchen. Und Hermes entdeckt den wunderschönen Paris, der mit Freuden zusagt: Er wird als alleiniger Richter derjenigen, die in seinen Augen die Schönste ist, den Preis verleihen, einen goldenen Apfel.

Die drei Göttinnen treten zum ersten Schönheitswettbewerb in der Geschichte an. Aphrodite nutzt einen Moment, in dem ihre Konkurrentinnen abgelenkt sind, um Paris ins Ohr zu flüstern, wenn er sie gewinnen lasse, werde sie ihm Helena schenken, die schönste Frau der Welt und ihr Schützling. Ich bin allerdings sicher, dass Paris Aphrodite den Apfel auch ohne das Versprechen auf diesen Leckerbissen gegeben hätte.

Wie auch immer, Aphrodite gewinnt, doch das Versprechen ist nicht so leicht einzulösen. Denn Helena ist seit Jahren mit Menelaos verheiratet, dem König von Sparta und Bruder des Agamemnon, des mächtigen Königs der Könige. Paris ist also gezwungen, sie zu entführen – was nicht ohne eine kleine göttliche Hilfestellung gelingt – und auf einem Schiff nach Troja zu bringen.

Und hier frage ich: Junge, warum hast du sie denn nicht mit auf den Berg Ida zu deinen Schafen genommen? Ihr hättet ein glückliches Hirtenleben geführt, Schafskäse gegessen, euch in kühlen Bächlein gewaschen und vom Untergang der Sonne bis zur Morgenröte zum Gesang der Vögel geliebt … Wer hätte da oben schon nach euch gesucht? Aber nein, Paris, dem Prinzen, fällt nichts Besseres ein, als mit seiner wunderschönen Beute nach Hause zu Mama und Papa zurückzukehren, gerade so wie ein Bürgersöhnchen aus unserer Zeit. Und Kassandra wird, als sie ihn wieder vor sich sah, verständlicherweise einen hysterischen Anfall bekommen haben.

Wechseln wir wieder die Szene.

Menelaos (ich bitte um Entschuldigung, aber der Name klingt für mich wirklich nach einem bösen Omen) schreit nach Rache für die erlittene Schmach und setzt Himmel und Hölle in Bewegung, bis er seinen Bruder Agamemnon und andere Könige überredet hat, mit einer großen Flotte in den Krieg gegen Troja zu ziehen.

Der Rest ist bekannt, nehme ich an, auch weil man uns in der Schule damit gequält hat (noch so eine und wahrlich nicht geringe Schuld, die man Paris anlasten muss).

Wenn die Dinge so stehen, wäre Helena für die Tragödie, die Troja traf, nicht im Geringsten verantwortlich.

Doch hartnäckig hielten sich Gerüchte, dass die Geschichte sich ganz anders abgespielt habe. Helena wurde nicht gegen ihren Willen entführt, nein, sie war einverstanden und hat tatkräftig an ihrer Entführung mitgewirkt, sodass die Überfahrt nach Troja nichts anderes war als eine Gelegenheit, schon mal pausenlos das Lieben zu üben. Dass Helena von beispielloser Schönheit war, stand außer Zweifel, doch ebenso bekannt war ihre überbordende Sinnlichkeit. Andere nannten sie skrupellos und zynisch. Wie dem auch sei, Menelaos, der viel älter war als sie, fett und kurzbeinig, konnte schlechterdings nicht ihr Idealmann sein. Paris dagegen besaß alle Vorzüge eines begehrenswerten Liebhabers.

Als die Griechen Troja erobern – das erzählt uns Euripides in *Die Troerinnen* – und Menelaos sich Helena zurückholen will, plant er, sie zu töten, sobald man wieder in Sparta angelangt ist. Es sieht ganz so aus, als wären ihm

Gerüchte über ihr unschickliches Verhalten zu Ohren gekommen. Hekuba, die Gelegenheit hatte, Helena während ihres Aufenthaltes in Troja kennenzulernen, rät Menelaos jedoch, die Begegnung mit seiner Frau zu meiden, denn sie würde ihn mit einem einzigen Blick umstimmen, so groß ist ihre Verführungskraft. Außerdem beschuldigt sie Helena, eitel, gierig und gefühlskalt zu sein. Helena verteidigt sich, behauptet, an allem sei Aphrodite schuld, sie selbst sei nur der Spielball der launischen Göttin. Und am Ende versteht man sehr gut, warum Menelaos, obwohl er sich weiterhin nach außen unerbittlich zeigt, Helena nicht töten wird, wenn sie wieder in Sparta sind. Er will sie noch einmal in seinen Armen halten. Und abermals wird die größte Verführerin gewonnen haben.

Euripides hat Helena später eine ganze Tragödie gewidmet und nach ihr benannt. Nur dass es sich nicht um eine Tragödie handelt, sondern um die erste echte Komödie, die je geschrieben wurde. Ein leichtes, amüsantes Lustspiel, ganz dem Bild dieser Frau entsprechend, wie es sich durch die Jahrhunderte gehalten hat. Und es stellt die Geschichte, die wir zu kennen glauben, auf den Kopf.

Helena, die ehrbare Gattin des Menelaos, fühlt sich bedroht, als Paris, dieser kleine Lümmel, auftaucht und sie zu entführen versucht. Sie fleht Hermes um Hilfe an. Hermes fertigt daraufhin eine perfekte Kopie von Helena, ein lebendes Trugbild, ein täuschend ähnliches, sprechendes sexy Girl, das Paris auch prompt entführen wird, weil er es für echt hält. Die echte Helena hat Hermes derweil im ägyptischen Pharos verstecken lassen und sie dem König Proteus anvertraut. Dort verbringt die keusche Helena ihre Tage, sehnsüchtig nach ihrem fernen Menelaos schmachtend. Doch die Lage ändert sich, als Proteus stirbt und sein Nachfolger, sein Sohn Theoklymenos, sich in sie verliebt und sie heiraten will.

Sie aber will nicht auf Menelaos verzichten und betet jeden Morgen am Grab von Proteus, damit diese Hochzeit abgewendet werde. Eines traurigen Tages erhält sie die Nachricht, dass Troja zwar gefallen, Menelaos aber gestorben ist. Was kann sie tun, um seinem Andenken treu zu bleiben?

Doch siehe da, zufällig strandet ein zerlumpter Grieche mit einigen seiner Männer und einer Frau auf Pharos. Der Grieche ist niemand anderes als Menelaos, der auf der langen Rückfahrt in die Heimat alles verloren hat, und die Frau ist das Trugbild von Helena, was Menelaos ebenso wenig weiß wie Paris. Und tatsächlich löst sich das Trugbild auf, als die wahre Helena erscheint. Die Eheleute können sich endlich wieder umarmen. Bleibt das Problem, wie sie von dieser Insel fliehen können, wo Theoklymenos obendrein jeden Griechen tötet, den es dorthin verschlägt. Es wird Helena sein, die mit einer List und Geistesgegenwart, die der Legende nach diese Frau auszeichnet, ein perfektes Täuschungsmanöver für Theoklymenos organisiert, das ihr und Menelaos erlaubt, glücklich und zufrieden in die Heimat zu fliehen.

Lieber als die Helena, von der uns die griechischen Klassiker erzählen, und zwar sehr viel lieber, ich gestehe es, ist mir aber jene Helena, die ein Komponist der zweiten Hälfte des 19. Jahrhunderts und ein Dramatiker des vergangenen Jahrhunderts zu neuem Leben erweckt haben.

Der erste ist Jacques Offenbach, der in seiner Operette *La belle Hélène* aus dem Jahr 1864 eine sehr persönliche

Interpretation des Trios Paris-Helena-Menelaos vorlegt und die Hauptfigur mit dem Besten seines eigenen spöttischen, skeptischen, gewandten, raffinierten Geistes ausgestattet hat. Die Operette wurde ein Welterfolg. Diese liebliche, ins Ohr gehende Musik, die nach Cancan und Ritornell klang, nach Flitter und hüftwackelnden Soubretten, war bestens geeignet, das Auftreten der Verführerin zu begleiten, sie als eine ätherische und gleichzeitig sehr reale Figur auf der Bühne zu zeichnen. Die Chronisten jener Zeit erzählen, dass das Pariser Publikum am Abend der Premiere schon beim Verlassen des Theâtre des Variétés die Melodien der Operette trällerte. Viele Könige und kaiserliche Würdenträger strömten in das Theater, um der strahlenden Erscheinung der Schönsten der Schönen die gebührende Ehre zu erweisen.

Der Zweite ist der Dramatiker Jean Giraudoux mit seinem Zweiakter *Der trojanische Krieg findet nicht statt*, einer geistreichen, bitteren Komödie. Der Diplomat und Bühnenautor hatte schon damals, Jahre zuvor, den Ausbruch des von Hitler provozierten verheerenden Weltkrieges vorausgesehen.

In dem Stück steht die Tragödie Trojas unmittelbar bevor, und die Anmut, die Ironie, der scheinbare Zynismus, das Lächeln einer raffinierten, unbewusst grausamen Helena geben uns unausgesprochen zu verstehen, wie vergeblich jeder Appell an das Mitleid und die Vernunft angesichts der menschlichen Rohheit ist. Sie bilden einen Tanz, der für diejenigen, die kurz darauf die Friedhöfe füllen werden, die Schönheit des Lebens beschwört.

Wer ist Helena also wirklich gewesen? Schwer zu sagen. Ich habe eine Antwort, die nur für mich gilt.

Helena war ganz einfach alle Frauen, die Männer im Lauf der Jahrhunderte von Mal zu Mal geliebt und gehasst haben.

Eine und Hunderttausende. Niemals «keine».

Helga

Der Sommer 1947 war keine gute Badesaison: Die Sonne hielt sich nie länger als drei, vier Tage, dann wurde sie von einer dichten Wolkenschicht bedeckt, die Gewitter und Regen brachte. Das schlechte Wetter zog sich ebenfalls drei, vier Tage lang hin, danach kehrte die Sonne zurück.

Eines Morgens ging ich, obwohl der Himmel seit dem Vortag dunkel war, ans Meer. Im Strandbad herrschte melancholische Leere. Ich zog meine Badehose an und ließ mir eine Liege ans Wasser bringen, das ziemlich unruhig war. Dann begann ich, den Roman zu lesen, den ich mir mitgenommen hatte. Als ich nach einer Weile den Blick hob, bemerkte ich, dass jemand in Richtung Strand zurückschwamm. Er musste schon ziemlich weit draußen im Wasser gewesen sein, als ich angekommen war, denn ich hatte ihn nicht gesehen. Dann richtete sich dieser Jemand auf, und ich sah, dass es eine junge Frau war.

Sie ging an mir vorbei auf die Umkleidekabinen zu. Dunkelhaarig, in den Zwanzigern, schlank, phantastische Figur.

«Wie ist das Wasser?», fragte ich.

«Herrlich kalt», antwortete sie, ohne mich anzuschauen. Sie hatte die Konsonanten hart ausgesprochen, sie musste Deutsche sein. Tatsächlich hätte es damals nur eine Ausländerin normal gefunden, in dieser Gegend ohne Freundin oder männlichen Begleiter an den Strand zu gehen.

Eine halbe Stunde später brachte der Junge von der Badeanstalt eine Liege und stellte sie neben meine. Hinter ihm tauchte die junge Frau in einem blütenweißen Strandkleid auf, obwohl man die dicke Wolkenschicht hätte durchbohren müssen, um etwas Sonne abzukriegen. Sie war gekämmt und perfekt zurechtgemacht.

Sie blieb vor mir stehen. Ich erhob mich, sie reichte mir die Hand, seltsamerweise mit einem angedeuteten Knicks.

«Ich heiße Helga. Störe ich?»

Ich nannte ihr meinen Namen, antwortete, dass sie keineswegs störe, und fragte sie, während wir uns setzten, ob sie Deutsche sei.

«Nein. Schweizerin.»

«Eine Touristin?»

Sie lachte. Ihr Gesicht war nicht ebenmäßig, aber wenn sie lächelte, sehr schön. Sie erzählte mir ihre Geschichte. Sie war gerade vierundzwanzig geworden und seit fünf Jahren mit einem dreißigjährigen Deutschschweizer verheiratet, der eine Restaurantkette besaß. Da er die Restaurierung und Neueröffnung eines historischen Restaurants in Agrigent leitete, hatte er ein festes Doppelzimmer im Erdgeschoss des *Grand Hotel des Temples*. Seit zwei Jahren kam sie regelmäßig dahin, um alleine ein bisschen Urlaub zu machen.

«Seit zwei Jahren? Warum habe ich Sie dann nicht schon früher einmal gesehen?»

«Weil ich immer an den Strand in San Leone gegangen

bin. Doch heute Morgen hatte ich die Idee, einmal hierhin zu gehen. Dieser Strand gefällt mir besser.»

Ein leichter Wind kam auf, der aber nicht unangenehm war. Ich hatte meinen Roman neben mich in den Sand gelegt, der Wind blätterte darin. Blitzschnell bückte sie sich, hob das Buch auf, blies zwischen die Seiten, um sie von den Sandkörnchen zu säubern, und gab es mir zurück.

«Ich hasse Unordnung und Schmutz», erklärte sie.

Nun tastete ihr Blick Zentimeter für Zentimeter meinen Körper ab, wahrscheinlich wollte sie sich vergewissern, dass ich mit Körperpflege vertraut war. Ich schien die Prüfung bestanden zu haben, denn sie schlug vor: «Lass uns du sagen.»

Dann sollte ich ihr etwas über mich erzählen. Doch sie unterbrach mich fast sofort, denn sie sprach lieber über sich. Wir führten eine angenehme Unterhaltung, bis sie auf ihre kleine Armbanduhr blickte und mir mitteilte, dass sie in wenigen Minuten vom Auto des Restaurants abgeholt wurde.

«Sehen wir uns morgen Vormittag wieder?», fragte sie.

«Sehr gerne», antwortete ich begeistert, «und jeden Vormittag, solange du hierbleibst.»

«Schade, meine Ferien sind schon fast vorbei! Morgen kann ich noch einmal an diesen Strand fahren, aber übermorgen früh reise ich ab.»

Sie runzelte die Stirn, dachte angestrengt nach. Dann hatte sie die Lösung.

«Sag mal, hast du heute Nachmittag Zeit, nach Agrigent zu kommen? Ich würde mich gerne weiter mit dir unterhalten, aber ich möchte mich ungern mit einem fremden Mann blicken lassen, verstehst du? Letztes Jahr habe ich ein kleines Café entdeckt, es ist fast immer leer, aber sehr sauber, und es gibt ein kleines Hinterzimmer … Wir hätten zwei Stunden Zeit, von fünf bis sieben. Bist du einverstanden?»

Ich war sehr einverstanden. Sie erklärte mir, wie man zu dem Café kam, erhob sich und lief zu der Kabine, wo man sich umziehen konnte. Doch plötzlich blieb sie stehen, kam zurück, ich stand noch bei den Liegen. Sie hob die Hand und wischte mir über die Stirn.

«Da war ein bisschen Sand», sagte sie.

Ich kam pünktlich im Café an, doch sie saß schon da und war offensichtlich verärgert. Sie wies mich darauf hin, dass ich zwei Minuten zu spät gekommen sei. Ich zeigte ihr meine Uhr, die auf Punkt fünf stand. Sie zeigte mir ihre, auf der es drei Minuten nach fünf war.

«Woher willst du wissen, dass meine Uhr nicht genauer ist als deine?»

«Das kann nicht sein. Meine ist eine Schweizer Uhr, eine teure Marke», beschied sie mir knapp. Und wechselte das Thema.

«Heute Morgen habe ich dir nicht gesagt, dass …»

Und sie begann wieder, von sich zu erzählen. Von Zeit zu Zeit brach sie ab, mal um ein Haar von meinem Jackett zu entfernen, mal um mir etwas, was nur sie sah, vom Hals oder von den Hemdknöpfen zu zupfen. Irgendwann wischte sie über mein Knie, dann ließ sie ihre Hand dort liegen. Ich antwortete mit der gleichen Geste. Durch den körperlichen Kontakt wurden ihre Erzählungen vertraulicher. Kinder hatte sie keine, weil sie noch keine wollte, andererseits bei einem Mann wie ihrem … Er halte sie sehr knapp, höchstens einmal alle drei Monate. Und das, wo sie doch so temperamentvoll sei, genau so drückte sie sich aus, und darum sehr leide. Ich flüsterte ihr zu, über ihr Knie streichend, ich sei gerne bereit, ihr Leiden zu lindern. Von dem Moment an überstürzten sich die Ereignisse, doch wir durften eine gewisse Grenze nicht überschreiten. Dann rückte sie mit einem konkreten Vorschlag heraus.

«Du kannst heute Nacht zu mir ins Hotel kommen, aber pünktlich um Viertel nach zwölf.»

Ich kannte das Hotel, es lag in einem großen Park, der von einer hohen Mauer mit zwei Toren umgeben war, eins war der Haupteingang, das andere, kleinere, war der Dienstboteneingang. Doch beide wurden ausgerechnet um Mitternacht geschlossen. Wie sollte ich hereinkommen? Sie erklärte mir, dass drei Schritte vom Dienstboteneingang entfernt ein Stück der Mauer eingestürzt sei, und um die Lücke zu schließen, habe man dort Stacheldraht gespannt. Es sei aber trotzdem möglich, hindurchzukommen, man müsse nur ein bisschen vorsichtig sein. Das letzte Fenster im Erdgeschoss links an der Rückseite des Hotels sei das ihres Schlafzimmers. Ich bräuchte nur leicht zu klopfen, sie würde mir dann aufmachen.

Sie sah auf ihre Uhr und wies mich darauf hin, dass es in einer Minute sieben Uhr sei. Wir küssten uns, sie zog mir etwas aus den Haaren, stand auf und ging.

Meinen Eltern sagte ich, dass ich die Nacht bei einem Freund verbringen würde, um gemeinsam zu lernen, dann fuhr ich mit dem Fahrrad los, lungerte ein wenig im Ort herum und bog um elf Uhr in die Straße nach Agrigent ein. Es ging immer nur bergauf, doch der Gedanke an das, was mich erwartete, ließ mich in die Pedale treten wie ein Rennfahrer. Um zehn vor zwölf brach plötzlich ein Platzregen los. Er traf mich so unvorbereitet, dass ich ins Schleudern geriet und mit dem Fahrrad in einen Misthaufen stürzte. Ich stand auf, fuhr weiter, kam hinter dem Hotel an und entdeckte im Licht meiner Taschenlampe die Lücke. Das Fahrrad ließ ich stehen, bückte mich, machte einen Schritt nach vorn, um zwischen dem Stacheldraht hindurchzuschlüpfen, und blieb sofort hängen. Ich versuchte, ruhig zu bleiben und mich zu befreien, aber vergeblich. Die Zeit lief mir davon. Ich nutzte mein ganzes Körpergewicht, die Stacheln zerrissen mir Hemd, Hose und Haut, doch jetzt war ich durch. Ich rannte über die Parkallee, es goss noch immer in Strömen. Helga öffnete, sah mich, wich entsetzt zurück. Sie trug ein durchsichtiges Nachthemd.

«Komm nicht rein, du machst alles schmutzig. Außerdem bist du fünf Minuten zu spät.»

«Das ist doch nicht dein Ernst! Lass mich rein.»

Sie sagte, ich solle draußen warten. Ich stand im Regen, während sie aus Handtüchern und Bademänteln eine Art Trampelpfad vom Fenster bis zur Badezimmertür legte. Schließlich erlaubte sie mir, hereinzukommen, aber nur ohne Schuhe. Ich versuchte, sie zu umarmen. Sie schob mich brüsk weg.

«Rühr mich nicht an! Du bist dreckig und stinkst! Geh dich sofort waschen!»

Ich säuberte mich gründlich. Doch als ich die Tür öffnete, befahl sie mir, stehen zu bleiben. Sie überprüfte mich, sah, dass ich aus einem Kratzer am Arm blutete.

«Oh nein! Du würdest das Bettzeug schmutzig machen!»

Sie hatte eine Art Erste-Hilfe-Tasche dabei. Die Wunde wurde desinfiziert und verbunden. Dann begann sie, meinen nackten und trotz allem unverkennbar gierigen Körper Zentimeter für Zentimeter mit einer angewiderten Grimasse zu beschnüffeln. Sie war etwas zwischen einer Krankenschwester, die eine eiternde Wunde begutachtet, und einer Hausfrau, die befürchtet, der Lendenbraten könne angebrannt sein.

«Du stinkst immer noch ein bisschen. Macht es dir etwas aus, dich noch mal zu waschen?»

Bevor sie das Badezimmer verließ, sah sie sich um.

«Nun sieh dir das an, was du hier für eine Sauerei angerichtet hast!»

Als ich schließlich zu ihr kam, lag sie nackt auf dem Bett, die Arme ausgebreitet, als erwarte sie ihre Kreuzigung. Sie bat mich, das Vorspiel zu überspringen, sie halte es schon nicht mehr aus, ihr Temperament erlaube ihr nicht, noch eine Minute länger zu warten. Ich machte mich ans Werk. Nach einer Viertelstunde wurde mir klar, dass eine Mumie mehr Reaktionen gezeigt hätte. Einmal sagte sie ja, etwas später machte sie ja, ja, immer starr zur Decke blickend und ohne einen Muskel zu rühren. Am Schluss fragte sie mich, was für einen Eindruck sie auf mich gemacht habe.

«Du warst ein Orkan», sagte ich.

Sie lächelte zufrieden. Ich musste durch das Badezimmerfenster steigen, um das Zimmer nicht schmutzig zu machen. Am nächsten Tag war ich stark erkältet. Darum konnte ich nicht zum Strand gehen, um mich von ihr zu verabschieden und ihr zu sagen, dass diese im Rausch der Leidenschaft verbrachte Nacht mir immer im Gedächtnis bleiben würde.

Ilaria

Von ihrer Existenz erfuhr ich zum ersten Mal, als ich eine Literaturzeitschrift durchblätterte, es muss im Jahr 1942 gewesen sein, und dort ein Gedicht von Salvatore Quasimodo mit dem Titel *Vor der Statue der Ilaria del Carretto* entdeckte.

Die ersten Zeilen sind nicht unbedingt überzeugend.

Schon hüllt ein sanfter Mond deine Hügel,
längs des Serchio bewegen sich leicht
Mädchen in roten und türkisblauen Kleidern.

Dann ist die Rede von einem geheimnisvollen Glücksritual, welches von überall herbeigeströmte Liebespaare in ihrer Gegenwart vollzogen …

Ich verstand nicht viel, aber das Gedicht machte mich neugierig. Doch ich war in Sizilien, und es waren harte Zeiten. Krieg herrschte, also hatte ich keine Möglichkeit, meine Neugierde zu befriedigen.

Ein paar Jahre später stieß ich wieder auf Ilaria, abermals durch ein Gedicht, allerdings aus dem Jahr 1903, und auch dieses war kein großes Kunstwerk. Geschrieben hatte es Gabriele D'Annunzio, die Verse waren der Stadt Lucca gewidmet.

… in Tücher gehüllt, auf dem Deckel
der schönen Grabstatt liegend;
und du hättest ihr Spiegelbild
vielleicht, besaß dein Ufer ihre Überreste.
Heute aber herrscht nicht Ilaria del Carretto
über das Land, das du befeuchtest,
o Serchio …

Dann lernte ich ein Mädchen aus Lucca kennen, und so erfuhr ich endlich alles über Ilaria.

Im Jahr 1400 bittet Gian Galeazzo Visconti, Herzog von Mailand, seinen Freund Paolo Guinigi, den Herren von Lucca, der durch den Tod seiner elfjährigen Ehefrau Maria Caterina Antelminelli soeben Witwer geworden ist, aus rein politischen und militärischen Gründen, erneut zu heiraten. Ilaria, die Auserwählte, ist die Tochter von Viscontis Verbündetem Carlo del Carretto, des Herren von Finale Ligure, und eine wunderschöne Frau von vierundzwanzig Jahren.

Da Paolo mit dem kleinen Mädchen die Ehe nicht vollziehen konnte und da er einen Erben braucht, willigt er in den Vorschlag des Herzogs von Mailand ein.

Eine arrangierte Hochzeit also, eine Vernunftehe wie viele, doch als Paolo Guinigi seine zukünftige Braut zum ersten Mal sieht, verliebt er sich sofort in sie.

Wir wissen nicht, ob seine Liebe erwidert wurde.

Sicher ist aber, dass die schöne Ilaria in der kurzen Zeit, die sie lebte, eine Ehefrau ohne Fehl und Tadel war.

Im September 1404 brachte Ilaria nach einer langen Reise durch die Ländereien ihres Gatten ihren Erstgeborenen, Ladislao, zur Welt.

Doch am 8. Dezember des folgenden Jahres starb sie

bei der Geburt ihres zweiten Kindes, der Tochter Ilaria Minor. Es heißt, sie sei unter entsetzlichen Schmerzen gestorben, und ihr Tod wurde von der ganzen Stadt aufrichtig betrauert.

Mit der Herstellung des Sarkophags beauftragte ihr Mann den damals noch jungen, doch schon anerkannten Bildhauer Jacopo della Quercia. Der schuf ein echtes Meisterwerk. Auf Drängen des Volkes wurde der Sarkophag in der Kathedrale ausgestellt, damit alle ihn bewundern konnten.

Doch in diesem Sarkophag befinden sich Ilarias sterbliche Überreste schon seit langem nicht mehr.

Denn 1430 wurde Paolo Guinigi entmachtet und eingekerkert. Seine Feinde bemächtigten sich seiner Besitztümer, plünderten die Familiengräber und zerstreuten, als äußerste Schändung, die sterblichen Reste Ilarias. Sie beschädigten auch die Seitenteile des Sarkophags, der jedoch später wieder in seiner ursprünglichen Gestalt zusammengesetzt wurde.

Irgendwann entstand die Legende, dass jede Frau, die Ilarias Gesicht liebkoste, eine problemlose Entbindung haben würde. Sie verbreitete sich rasch, und so bildeten sich ganze Karawanen aus Paaren, Liebenden, Verlobten, Verheirateten, die diesen Ritus vollzogen, um Ilarias Beistand zu erhalten.

Die Männer konnten sich sogar nicht zurückhalten, sie zu küssen.

Als das Mädchen aus Lucca mich zu dem Sarkophag brachte, erfasste mich eine heftige Gefühlsregung, denn Jacopo della Quercia hatte es vermocht, uns mit seinem Werk den Inbegriff weiblicher Schönheit zu vermitteln.

Darum ist mir auch völlig egal, was einige Forscher seit kurzem diskutieren. Ilarias Gesicht, sagen sie, hat sehr viel mehr Ähnlichkeit mit dem eines Kindes als mit dem einer fünfundzwanzigjährigen Frau.

Kann es nicht sein, fragen sie sich, dass Jacopo sich an einer anderen, älteren Skulptur orientiert hat, die Maria Caterina Antelminelli porträtierte, nämlich die elfjährige erste Frau von Paolo?

Außerdem misst die auf dem Sarkophag dargestellte Frau einen Meter vierzig, während Ilaria, nach Aussagen damaliger Chronisten, eine stattliche Frau war.

Ich möchte nur eine Bemerkung machen. Ilarias Mann hat den Sarkophag damals sicher gesehen. Und hier gibt es zwei Möglichkeiten: Entweder es war Ilarias Gesicht oder nicht. In beiden Fällen zeigte er, soweit wir wissen, keinerlei Reaktion!

Warum sollen wir es dann tun?

Außerdem ist der Sarkophag, wie schon erwähnt, leer.

Begnügen wir uns damit, der weiblichen Schönheit die Ehre zu erweisen.

Eine letzte Bemerkung noch. 1957 widmete auch Pier Paolo Pasolini der schönen Ilaria ein Gedicht. Es ist besser als das von D'Annunzio und das von Quasimodo, doch es gehört sicher nicht zu Pasolinis besten Gedichten.

Mit Lyrikern hatte Ilaria ganz offensichtlich kein Glück.

Inés

Das Flugzeug, das mich in dreizehn Stunden von Rio nach Rom bringen würde, rollte auf die Startbahn zu. Es war voll besetzt, abgesehen von zwei Plätzen zu meiner Rechten. Auf dem Platz links von mir saß eine Freundin, die fieberte und durch Antibiotika betäubt war. Kaum hatte sie sich gesetzt, war sie in einen komaähnlichen Schlaf gefallen.

Es war ein Nachtflug ohne Zwischenlandung, und ich freute mich, dass ich keinen Nachbarn zu meiner Rechten hatte. Wenn ich fliege, empfinde ich mich nicht gerade als einen glücklichen Menschen, ich bin nervös, stehe oft auf, setze mich wieder und, was damals noch erlaubt war, ich rauche wie eine Lokomotive.

Doch meine Erleichterung währte nur wenige Augenblicke. Schwer atmend erschien eine Frau, gefolgt von der Stewardess. Offenbar war sie im allerletzten Moment eingestiegen. Sie setzte sich auf den Platz am Gang, stellte zwei große Taschen auf den Sitz zwischen uns, schnallte sich an. Die Stewardess ging weg. Die Frau legte den Kopf zurück und schloss die Augen. Wir hoben ab.

Sobald das Rauchverbotszeichen erloschen war, zündete ich mir die erste Zigarette an. Die beiden Taschen, das sah sogar ich, der ich keine Ahnung von diesen Dingen habe, mussten ein kleines Vermögen gekostet haben. Die Frau erhob sich, um auf die Toilette zu gehen.

Als sie sich vorbeugte, um eine der Taschen zu nehmen, stellte ich fest, dass sie ein hochelegantes Kostüm von einer teuren Marke trug, dass sie sehr schön war, ungefähr dreißig Jahre alt, und dass ihr hinter der Sonnenbrille Tränen aus den Augen rannen.

Nach einer Weile stand ich auf und stellte mich mit gespielt gleichgültiger Miene in den Gang, um auf sie zu warten. Ich wollte sehen, wie sie von der Toilette zurückkam. Tatsächlich konnte ich sie sehr genau in Augenschein nehmen. Sie war groß, geschmeidig, schlank, obendrein eine Frau mit Klasse. Eilfertig kehrte ich an meinen Platz zurück. Sie setzte sich, sie hatte sich erfrischt, roch nach Parfüm. Sie nahm die Sonnenbrille ab, legte den Kopf zurück, schloss die Augen. Ich verlor mich in der Betrachtung ihres Profils. Schließlich war ich jetzt praktisch eingesperrt, denn niemals hätte ich sie gebeten aufzustehen, um mich vorbeizulassen. Meine Nervosität musste ich so gut wie möglich unter Kontrolle bringen. Und konnte mich nur abreagieren, indem ich rauchte.

Nach drei Stunden Flug hatte ich mein erstes Päckchen Zigaretten aufgeraucht. Ich füllte es mit den Kippen aus dem Aschenbecher, um darin Platz für neue zu schaffen, und warf das Päckchen in den Abfallbehälter.

«Eins ist geschafft», sagte sie plötzlich, ohne mich anzusehen, die Augen weiterhin geschlossen.

«Ist Ihnen der Rauch unangenehm?»

«Nein, im Gegenteil. Es lenkt mich ab, Ihre Nervosität zu beobachten.»

Also hatte sie sich nur schlafend gestellt. Sie sprach ein

perfektes Italienisch, aber sie war keine Italienerin, etwas in ihrer Aussprache verriet sie.

«Sind Sie Italienerin?»

«Nein, ich bin Argentinierin. Mein Mann ist in Italien geboren.»

Sie drehte ihren Kopf, den sie bis jetzt gerade gehalten hatte, zur anderen Seite.

Ein Zeichen, dass sie das Gespräch nicht fortsetzen wollte.

Ein Päckchen später richtete sie wieder das Wort an mich, immer noch ohne mich anzuschauen.

«Mögen Sie Glücksspiele?»

Ich wunderte mich über die Frage. Wollte sie mir eine Partie Würfelpoker vorschlagen? War sie eine Abenteurerin, die vorhatte, mich auszunehmen?

«Dafür kann ich mich nicht erwärmen.»

«Ich schon.»

Endlich entschloss sie sich, die Augen aufzumachen und mich anzublicken. Ihre Iris war von einem unglaublichen Smaragdgrün. Die Natur hatte bei ihr wirklich nichts ausgelassen.

Lächelnd reichte sie mir die Hand.

«Ich heiße Inés.»

Und sie nannte ihren Nachnamen. Auch ich stellte mich vor.

In Buenos Aires hatte ich diesen Namen auf den Ladenschildern einiger sehr luxuriöser Geschäfte für Damenmode gesehen. Ich sagte es ihr, und sie lächelte.

«Das sind meine Läden.»

Zum Beweis zog sie ihren Pass aus einer Tasche und zeigte ihn mir.

«Warum haben Sie mich gefragt, ob ich Glücksspiele mag?»

Sie wurde ernst.

«Weil ich beschlossen habe, alles auf Sie zu setzen. Meine Zukunft einem völlig Unbekannten anzuvertrauen, den ich nie wiedersehen werde.»

Ich sah sie bestürzt an.

«Erklären Sie mir das genauer.»

«Ganz einfach. Ich stehe an einem Wendepunkt, der über mein Leben entscheiden wird. Ich werde Ihnen meine Geschichte erzählen und Ihnen am Ende eine Frage stellen. Was auch immer Sie antworten, ich werde das tun, was Sie mir sagen.»

Ich bin kein Glücksspieler, aber ein neugieriger Mensch, und zwar vor allem bei Frauen, zugegeben. Durfte ich mir diese Gelegenheit entgehen lassen?

«Ich höre.»

Sie stand auf, nahm die beiden Taschen, legte sie auf den Platz, auf dem sie gesessen hatte, und setzte sich neben mich. So konnte sie mit mir über vertrauliche Dinge sprechen, ohne die Stimme heben zu müssen.

«Ich bin in einer sehr reichen Familie geboren. Mit zweiundzwanzig Jahren habe ich begonnen, mich mit italienischer Mode zu beschäftigen. Ich habe meine eigenen Läden eröffnet und eine Kollektion entworfen, die sehr erfolgreich war. Mit sechsundzwanzig habe ich geheiratet, einen Italiener, wie gesagt, den ich zum Generaldirektor meiner Gesellschaft gemacht habe. Es war nur eine Schwärmerei gewesen, ich liebte ihn nicht. Das ist mir aber erst zwei Jahre später bewusst geworden. Bitte geben Sie mir eine Zigarette.»

Sie nahm zwei Züge, drückte die Zigarette aus und fuhr fort.

«Ich habe weiter mit ihm zusammengelebt, aus Trägheit und weil er seine Arbeit gut macht. Uns zu trennen, hätte unendlich viele Komplikationen mit sich gebracht. Kinder wollte ich nicht von ihm. Mit neunundzwanzig, also vor zwei Jahren, habe ich Enrique kennengelernt, einen Diplomaten. Wir haben uns auf den ersten Blick ineinander verliebt, sind sofort ein Paar geworden. Seit zwei Monaten ist Enrique in London, er wird dort mindestens drei Jahre bleiben müssen. Er möchte, dass ich meinen Mann verlasse und mit ihm zusammenlebe. Um seinem Wunsch nachzukommen und vor allem, weil ich vor Sehnsucht nach ihm sterbe, habe ich versprochen, ihn an diesem Wochenende zu besuchen. Darum sitze ich jetzt in diesem Flugzeug.»

«Und was haben Sie in Rio gemacht?»

«Ich habe meinem Mann gesagt, dass ich nach Rio fliege, um zu sehen, wie unsere Geschäfte dort laufen, wir haben dort ein paar Läden. Außerdem wollte ich einige Tage mit einer sehr lieben brasilianischen Freundin verbringen. Ich habe heute mit meinem Mann telefoniert und ihm versprochen, dass ich mich am Montag wieder melde. Falls er anruft, aber das wird er nicht tun, weiß meine Freundin, was sie sagen muss. Während ich in Rio war, hat Enrique mich jede Nacht angerufen und mich unter Tränen angefleht, zu ihm nach London zu kommen. So, ich habe Ihnen alles gesagt. Die Frage, die ich Ihnen stelle, lautet: Was soll ich tun? Das Wochenende mit Enrique verbringen und dann nach Buenos Aires zurückkehren, um mein Leben, so wie es ist, weiterzuführen, oder in London bleiben und meine Ehe zerstören?»

Sie sah mich ängstlich an. Ich lächelte.

«Sie haben mir vertraut und damit einen Fehler gemacht.»

«Warum?»

«Weil es zwar zutrifft, dass ich kein Glücksspieler bin, aber ebenso wahr ist, dass ich von Erpressungen lebe.»

Sie wurde nervös, unsicher, ob ich Spaß machte oder nicht.

«Ist das Ihr Ernst?»

«Ich lebe nicht von Erpressungen, doch dieses eine Mal werde ich Sie erpressen. Denken Sie nach. Ich weiß alles über Sie: wie Sie heißen, was Sie tun. Ich habe mir sogar Ihre Adresse gemerkt, als Sie mir Ihren Pass gezeigt haben.»

Sie schüttelte den Kopf.

«Sie machen nicht den Eindruck eines Menschen, der Geld will. Und ich kann mir nicht vorstellen, dass Sie etwas ... etwas anderes von mir wollen.»

«Sie haben recht. Meine Antwort lautet: Bleiben Sie in London bei Ihrem Enrique. Wenn Sie das nicht tun, und jetzt kommt meine Erpressung, werde ich Ihrem Mann einen Brief schreiben und ihm alles verraten. Wie Sie sehen, lasse ich Ihnen keine Wahl.»

Da tat sie etwas Unerwartetes. Sie nahm meine Hand und küsste sie.

«Aber woher wollen Sie wissen, ob ich Ihren Rat befolgt habe?», fragte sie einen Augenblick später.

«In genau einem Monat werden Sie mir eine Ansichtskarte aus London schicken, mit Ihrer Unterschrift und der von Enrique. Am Datum des Poststempels muss ich erkennen können, dass die Karte nicht an einem Wochenende geschrieben wurde. Notieren Sie sich jetzt meine Adresse.»

Sie gehorchte. Dann kehrte sie auf ihren Platz zurück, ohne noch ein weiteres Wort an mich zu richten.

Als wir in Rom landeten, stand sie als Erste auf, bückte sich und küsste mich auf den Mund, verwundert beobachtet von meiner Freundin, die soeben aus ihrem Koma erwacht war.

Einen Monat später erhielt ich eine Ansichtskarte aus London. Das Datum war das eines Mittwochs. Auf der Karte stand geschrieben: «Wir sind glücklich. Danke.»

Es folgten die Unterschriften von Inés und Enrique.

Ingrid

Die Einladung der Universität Kopenhagen, einen Intensivkurs über das Theater Pirandellos zu geben, nahm ich an. Ich war noch nie in einem nordeuropäischen Land gewesen.

Am Flughafen holte mich der Dekan der Fakultät ab, den ich dem Namen nach kannte, denn er war ein renommierter Strukturalist. Wir waren uns sofort sympathisch. Er begleitete mich erst ins Hotel, dann in die Universität, einen architektonisch sehr einladenden Bau, niedrige Häuser, umgeben von Grün. In den langen, geräumigen Fluren mit sauberen Wänden sah ich nicht einen Studenten.

«Sind heute keine Vorlesungen?»

Er blickte mich erstaunt an.

«Doch. Warum?»

«Und wo sind dann die Studenten?»

«Wo sollen sie schon sein? In den Hörsälen natürlich.»

An den Schlendrian in Roms Universität gewöhnt, kam es mir vor, als wäre ich in einer völlig anderen Welt gelandet. Die Bestätigung erhielt ich umgehend.

«Schreiben die Studenten hier nichts an die Wände?»

«Doch. Dafür gibt es eine eigene Wand. Sie ist mit Sperrholz verkleidet, das jede Woche ausgetauscht wird.»

Im Sekretariat teilte man mir mit, dass mein Kurs

nicht nur dänischen Italianistik-Studenten, sondern auch schwedischen und norwegischen offenstehe. Also würde ich außer neun Dänen auch vier Schweden und drei Norweger unterrichten.

Der Hörsaal, den man mir zuwies, war hell, luftig und elegant. Am darauffolgenden Morgen hielt ich, nachdem der Dekan mich kurz vorgestellt hatte, die Einführungsvorlesung. Vor dem Unterricht war ich in die Bar an der Universität gegangen und hatte mir einen Whiskey bestellt. Das war damals so eine Gewohnheit von mir. In der Bar waren mir sofort zwei Schönheiten aufgefallen, natürlich groß und blond, Studentinnen, die ich dann in meinem Hörsaal in der ersten Reihe wiedersah. Ich sprach zwei Stunden, in den verbleibenden zwei Stunden beantwortete ich Fragen. Zum Schluss fragte mich eine dänische Studentin, dicklich, mit Brille, sehr sympathisch, ob ich jemanden brauche, der mir Kopenhagen zeige, und bot sich an. Ich sagte zu. Am Abend führte sie mich zu einem eigenartigen Treffpunkt für Studenten: vier ausrangierte, umgebaute Straßenbahnwagen, mitten auf einem Platz. Dort waren auch die beiden blonden Studentinnen, die sich uns anschlossen. Sie waren Schwedinnen, eine hieß Ingrid, die andere Barbro. Ich verbrachte einen fröhlichen Abend.

Am nächsten Morgen, ich wollte gerade in die Bar der Universität gehen, stellte sich Ingrid mir in den Weg.

«Nicht», sagte sie.

Und bat mich, ihr in den Hörsaal zu folgen. Auf dem Katheder standen eine Flasche Whiskey, ein Eimer mit Eis und ein Glas. Der Whiskey, das hatte ich bemerkt, war sehr teuer. Die Studenten lachten über meinen perplexen Gesichtsausdruck.

«Das ist ein Geschenk von uns allen», sagte Ingrid.

Der Intensivkurs sollte vier Tage dauern, von Dienstag bis Freitag, am Samstagmorgen würde ich zurück nach Rom fliegen. Am Freitag sagte mir der Dekan, dass am späten Nachmittag für mich ein Abschiedsessen mit den Studenten, ihm und dem Rektor der Universität geplant sei. Man sei rundum zufrieden mit dem Kurs gewesen und wolle sich erkenntlich zeigen.

Am Tisch saß ich zwischen dem Dekan und dem Rektor. Mir gegenüber saß Ingrid, schöner denn je. Nach der Hälfte des Abendessens blickte sie mich an und sagte in aller Ruhe, ohne Angst davor, die anderen könnten sie hören: «Wenn du Lust hast, möchte ich den Abend mit dir verbringen.»

Ein Missverständnis war ausgeschlossen. Hätte ich in diesem Moment gestanden, wäre ich sofort ins Schwanken geraten. Ich errötete. Der Rektor sprach kein Italienisch, aber der Dekan hatte es sicher gehört, obwohl er seelenruhig weiteraß. Die Sache ging ihn schließlich nichts an.

«Lass uns später darüber sprechen», sagte ich verlegen zu Ingrid.

Nachdem sich alle verabschiedet hatten, verließ sie mit mir die Universität. Ich fühlte mich versucht wie der heilige Antonius.

«Wann geht morgen dein Flug?», fragte sie.

«Um elf.»

«Ich mache dir einen Vorschlag. Um acht nehmen wir die Fähre nach Malmö, dort wohne ich. Du kannst jederzeit zurück, ich begleite dich. Es gibt auch nachts Fähren.»

«Wie lange brauchen wir denn bis nach Malmö?»

«Etwa anderthalb Stunden.»

«Gut, gehen wir.»

Es war stärker als ich. Die Fähre war voller betrunkener Schweden, denn, so erklärte mir Ingrid, in Schweden schlossen die Verkaufsstellen für Alkohol um drei Uhr nachmittags, also mussten die Trinker sich nach Dänemark begeben.

In Malmö verließen wir das Schiff und gingen zu einem großen Parkplatz, wo Ingrid ihr Auto geparkt hatte. Kaum saßen wir im Wagen, ergriff sie die Initiative.

Ich kollaborierte. Nach einer Weile ließ sie den Motor an, und wir fuhren zu ihrer Wohnung.

In einem Viertel mit hübschen kleinen Häusern, jedes mit einem großen Garten, fuhr sie durch ein Tor auf ein Sträßchen, das zu einer kleinen, einstöckigen Villa führte. Sie parkte das Auto in einer Garage neben einem anderen Wagen. Im Vorbeifahren hatte ich bemerkt, dass im Haus Lichter brannten. Das beunruhigte mich nicht, aus irgendeinem Grund redete ich mir ein, dass sie mit einer Kommilitonin zusammenlebte. Sie schloss die Tür auf und rief etwas durch den Flur, eine Frauenstimme antwortete.

«Komm mit.»

Ich folgte ihr in ein hübsch eingerichtetes Wohnzimmer. Ein Mann und eine Frau, beide um einiges jünger als ich, sahen fern. Sie standen auf.

«Das sind Mama und Papa», sagte Ingrid und stellte mich vor.

Sie fügte etwas hinzu, was ich nicht verstand. Ich glaube, sie erklärte ihnen, dass ich der Professor aus Italien war.

«Komm, wir gehen in mein Zimmer», sagte Ingrid und nahm meine Hand.

Ich war entsetzt und zutiefst beschämt. Was tun? Ohnmächtig zusammenbrechen? Einen Anfall von Wahnsinn simulieren? Mich zu ihnen ins Wohnzimmer setzen und über die ersten Zipperlein des Alters sprechen? Doch Ingrid hatte mich schon in ihr Zimmer gezogen, das direkt neben dem Wohnzimmer lag. Sie umarmte mich und begann, mich zu küssen, hörte aber fast sofort wieder auf.

«Was ist los mit dir? Du bist ja ganz verschwitzt.»

Flugs fing ich den Ball auf.

«Ich fühle mich schlecht, mir ist schwindelig, vielleicht habe ich etwas Falsches gegessen, oder mein Kreislauf ...»

Fünf Minuten später umgaben mich Mama und Papa und versuchten, mir zu helfen.

Heiße Getränke, Thermometer. Eine Viertelstunde später erklärte ich, es gehe mir schon besser. Papa bestand darauf, mich bis nach Kopenhagen zu fahren. Erst vor meinem Hotel ließ er mich allein.

In dieser Woche muss der Index italienischer Manneskraft in Schweden steil abgefallen sein.

Zu Ehren der Freizügigkeit, Spontaneität und moralischen Integrität von Ingrid habe ich die ausländische Freundin meines Commissario Montalbano zu einer Schwedin gemacht und nach ihr benannt.

Jeanne

Über Jeanne d'Arc habe ich sehr viele Dramen und Gedichte gelesen, und immer hatte die Jungfrau von Orléans, die in diesen Texten lebendig wurde, für mich das gleiche Gesicht. Obwohl Dichter und Dramaturgen ihre Lebensgeschichte sehr unterschiedlich dargestellt haben, blieb ihr Gesicht für mich immer unverändert.

Sogar im Kino ist es mir so ergangen. Irgendwann verschwand das Gesicht von Ingrid Bergman und wurde durch jenes andere ersetzt.

Es gehörte der korsischen Schauspielerin Renée Falconetti, der Hauptfigur in dem Stummfilm *La passion de Jeanne d'Arc* aus dem Jahr 1928 unter der Regie des Dänen Carl Theodor Dreyer.

Dass dieser Film ein Meilenstein der Filmgeschichte, ja der Kunst des 20. Jahrhunderts wurde, verdankt er meiner Meinung nach nicht zuletzt der ergreifenden Darstellungsweise der Falconetti.

Im Mittelpunkt des Films steht das Verhör Jeannes durch die Richter unter dem Vorsitz des Bischofs Cauchon. Sie sind fest entschlossen, Jeanne der Ketzerei anzuklagen und auf den Scheiterhaufen zu bringen.

Und die Falconetti, die, ungeschminkt und mit geschorenem Kopf, immer im Vordergrund, oft sogar in Großaufnahme gezeigt wird, ist nicht mehr die siegreiche Heerführerin, sondern eine junge Frau, deren Gesichtsausdruck in einem so kunstvoll ausgewogenen Mienenspiel von Resignation in Stolz übergeht, von Müdigkeit in Angst, von Angst in die entschiedene Bejahung des Glaubens, von Zweifel in Ekstase, von Todesfurcht in Empörung, dass sich die Expressivität noch verdoppelt.

Dreyer hat zudem etwas beim Film vollkommen Unübliches getan: Er hat die Szenen in der Reihenfolge gedreht, in der sie in der geschnittenen Endfassung aufeinander aufbauen, sodass die Falconetti ihre Figur einer präzisen psychologischen Entwicklung folgend gestalten konnte, so, wie es Theaterschauspielerinnen gewohnt sind. Und die Falconetti war vor allem eine Bühnenschauspielerin, eine von seltener Wandlungsfähigkeit.

Der Kritiker Robert Kemp schrieb, sie sei zweifellos die begabteste Schauspielerin ihrer Generation, eine Interpretin von großem Erfindungsreichtum, die aber leider durch eine angeborene Unfähigkeit zur Konstanz gefährdet und ihrem Ruhm fast schon absichtlich ausgewichen sei.

Ich werde mich hüten, mich in das unentwirrbare Dickicht der vielen unterschiedlichen Interpretationen vorzuwagen, mit denen Historiker und Künstler die rätselhafte Figur der Jeanne d'Arc belegt haben. Heerführerin im Namen Gottes, dann als Ketzerin verbrannt, schließlich heiliggesprochen.

Bewiesen ist jedoch, dass sie ein Hirtenmädchen war und im Wald lebte und dass sie eines Tages, nach eigener Aussage, die Stimmen von Heiligen vernahm, die sie zu einer großen politischen und kriegerischen Sendung aufriefen. Eine Schwärmerin? Eine Heilige?

Das interessiert mich nicht. Mich interessiert, wie sie sich in kurzer Zeit von einem ungebildeten Bauernmädchen, was damals bedeutete, ein vollkommen wertloses Wesen zu sein, in eine charismatische Symbolfigur verwandeln konnte, der die unterschiedlichsten Menschen begeistert nachfolgten; eine, die die Mächtigen zu ihrem Vorteil ausnutzten, indem sie ihr ein ganzes Heer unterstellten. Wenn Jeanne Wunder bewirkt hat, dann war dieses auf jeden Fall das erste: zum lebenden Banner eines ganzen Volkes zu werden. Ich glaube, sie ist die einzige Frau in der Geschichte, der das gelang.

Doch Schlachten gewinnt ein mitreißendes Banner nicht; Schlachten gewinnen Generäle, die Taktiken und Strategien ausarbeiten können. Das wussten die Mächtigen, darum stellten sie ihr Gilles de Rais zur Seite, einen schwerreichen Adeligen, ein Genie der Kriegskunst, der schon mit dreiundzwanzig Jahren Kommandant des königlichen Heeres war und zwei Jahre später für seinen Sieg gegen die Engländer bei Patay die Ehrenbezeichnung «Marschall von Frankreich» erhielt.

Gilles wurde also zu Jeannes Strategen und teilte mit ihr die täglichen bitteren Erfahrungen des Krieges.

Manche Historiker berichten, dass sie auch die seltenen Augenblicke der Ruhe teilten: Mitunter blieb Gilles sogar zum Schlafen in Jeannes Zelt, und wegen der Kälte schliefen die beiden jungen Menschen, denn jung waren sie, in keuscher, enger Umarmung.

Also hat Gilles den Ruch der Heiligkeit in aller Ergebenheit von nahem gespürt. Es war ihm vergönnt, die Verkörperung einer überirdischen Idee des Guten aus nächster Nähe kennenzulernen, ja, mit Händen zu greifen.

Seine Hingabe, seine Treue zu Jeanne sind vollkommen, kennen keinen Zweifel, kein Zögern.

Nach Jeannes tragischem Tod tritt Gilles von seinen militärischen Verpflichtungen zurück und gibt sich, durch Erbschaft und Heirat noch reicher geworden, einem exquisiten, kostspieligen Lebensstil auf seinen Schlössern hin. Monatelang lässt er ganze Theatertruppen zu seinem persönlichen Vergnügen spielen.

Dann findet er seinen festen Wohnsitz im Schloss Machecoul.

Und hier umgibt er sich nicht mehr mit Komödianten, sondern mit einer Schar Alchimisten und Geisterbeschwörern, unter denen ein exkommunizierter Mönch aus der Gegend um Arezzo hervorsticht, Francesco Prelati, der sich brüstet, den Teufel beschwören zu können.

Genau das ist Gilles' brennender Wunsch: dem Teufel Auge in Auge gegenüberzutreten.

Gleichzeitig sind zunehmend hartnäckige Gerüchte über Gilles' Gräueltaten im Umlauf. Er soll befohlen haben, Söhne von Bauern der Umgebung für ihn zu kaufen oder zu rauben, die er dann vergewaltigte und zerstückeln ließ, um dem Teufel Teile dieser kleinen Körper als Geschenk darzureichen.

Nach einiger Zeit wird er verhaftet, gesteht unter Androhung der Folter und wird zusammen mit zwei Gefährten zum Tode verurteilt. Erst wird er gehängt, dann wird sein Körper den Flammen übergeben.

Etwa zweihundert Morde an Kindern und jungen Männern wurden ihm zur Last gelegt.

Aus dieser Geschichte entstand die Legende von Blaubart.

Viele behaupten, dass Gilles dem Teufel begegnen wollte, damit der ihm mit Zauberformeln helfe, wieder in den
Besitz der enormen Geldsummen zu kommen, die er ver-
geudet hatte. Ich aber bin überzeugt, dass Gilles nach dem
absoluten Guten auch das absolut Böse kennenlernen
wollte.

Doch um das Böse wirklich zu kennen, muss man Bö-
ses tun, bis zum Äußersten. Was Gilles tat.

Und ich glaube, auf dem Höhepunkt des Grauens wurde ihm klar, dass er den Teufel gar nicht mehr beschwören
musste; es genügte, wenn er sich selbst im Spiegel sah.
Er hatte endlich Jeannes Höhe erreicht, doch auf der ent-
gegengesetzten Seite, der einzigen, die ihm gewährt wurde.

Und so konnte er im Geiste wieder neben ihr schlafen
wie in den Tagen des Krieges, das Gute und das Böse ver-
eint, ja sogar in enger Umarmung verschmolzen.

Jolanda

Die bekanntesten Jolandas in Italien sind zum einen «Die Tochter des Schwarzen Korsaren», ein Phantasiegeschöpf von Emilio Salgari, zum anderen die von der Schauspielerin Luciana Littizzetto erfundene Jolanda. Mit diesem Namen bezeichnete sie nämlich einen bestimmten Teil des weiblichen Körpers.

Meine Jolanda dagegen war eine ganz und gar normale Frau, wobei …

Ich durchlebte damals magere Zeiten. Giovanni, der eine Theaterzeitschrift leitete, dessen einziger Redakteur er war, wollte mir helfen und schlug mir vor, anonym bei der Zeitschrift mitzuarbeiten. Er würde mir einen Monatslohn von zwanzigtausend Lire zahlen. Giovanni war mit einer nicht besonders schönen, aber sehr netten Frau verheiratet, die er «den General» nannte, weil sie einen hohen Verwaltungsposten im Kriegsministerium bekleidete (damals hieß es noch so, dann haben wir die Pazifisten in uns entdeckt, und das Ministerium wurde in «Verteidigungsministerium» umbenannt).

Die beiden hatten keine Kinder, und da der General erst nach fünf Uhr nachmittags von der Arbeit zurückkehrte, kochte ihr Hausmädchen Jolanda für Giovanni. Die Redaktion der Zeitschrift befand sich in einem Kämmerchen in Giovannis Wohnung, darum wurde ich mindestens zweimal in der Woche zum Mittagessen eingeladen.

Jolanda war eine ausgezeichnete Köchin. Sie kam aus dem Friaul und war eine über fünfzigjährige Frau mit groben Zügen, sehr reinlich, stets ordentlich gekleidet. Und sie sprach nur, wenn sie etwas gefragt wurde. Seit fünfzehn Jahren arbeitete sie im Haus des Generals.

In der Woche bevor die Zeitschrift in Druck ging, wurde hochkonzentriert und mit großer Leidenschaft gearbeitet. Giovanni zog sich immer erst in den allerletzten Tagen zurück, um das Layout zu machen, und da er gerne bis spät nachts arbeitete und einen tiefen Schlaf hatte, erfand er eine ganz eigene Methode, um sich Punkt acht Uhr morgens wecken zu lassen. Der General war natürlich schon eine Stunde früher aus dem Haus gegangen. Einmal hatte ich Gelegenheit, diesem Ritual beizuwohnen.

Jolanda hob vorsichtig den Kopf des schlafenden Giovanni an und breitete ein großes, wasserfestes Tuch unter ihm aus. Dann ging sie eine Karaffe mit eiskaltem Wasser holen und schüttete es ihm mit einem Schwung ins Gesicht.

Giovanni öffnete ein Auge, sprang auf und sagte: «Danke.»

«Eine gute Methode», vertraute er mir eines Tages an, «mit der sie die unvermeidlichen Spannungen zwischen Herr und Dienstboten abbauen kann.»

Doch ich bin mir ganz sicher, dass Jolanda gegen niemanden Feindseligkeit hegte. Für mich wurde sie sogar zu einer Art barmherziger Schwester. Immer wenn Giovanni woanders eingeladen war, bestand Jolanda darauf, dass ich trotzdem zum Essen blieb. Sie wusste um meine Geldnöte.

Trotz ihrer barschen Art war sie großzügig und zart-fühlend.

Einmal steckte ich mir nach einem jener einsamen Mittagessen die letzte Zigarette aus meiner Schachtel an. Ich nahm drei Züge, dann machte ich die Zigarette sorgfältig aus und steckte sie wieder in die Packung. Jolanda, die gerade den Tisch abdeckte, sah mich fragend an.

«Ich habe nur noch diese eine», erklärte ich ihr, «ich muss damit haushalten.»

«Soll ich runtergehen und Ihnen eine neue Packung kaufen?»

«Und wer gibt mir das Geld?»

Ich ging wieder ins Redaktionskämmerlein. Giovanni rief an, um mir zu sagen, dass er heute spät zurückkommen würde. Bevor der General nach Hause kam, verabschiedete ich mich von Jolanda, zog meinen Mantel an und ging hinaus.

Es war kalt, und als ich meine Hände in den Manteltaschen vergrub, stieß ich auf zwei Päckchen Zigaretten, eins in jeder Tasche. Ich zog sie heraus, es war meine Marke. Ein liebenswürdiges, stummes Geschenk von Jolanda. Am nächsten Tag dankte ich ihr. Sie spielte ihre Rolle gut, tat, als fiele sie aus allen Wolken, behauptete, sicher hätte ich sie selbst gekauft und es einfach vergessen.

Einmal, als ich krank war und allein zu Hause im Bett lag, klopfte sie an meine Tür. Zwei Wochen lang kam sie jeden Tag, brachte meine Wohnung in Ordnung, kochte mir etwas zu essen. Den Einkauf machte sie natürlich auch, mit ihrem Geld.

Eines Tages bekam Giovanni endlich die nötige finanzielle Unterstützung für sein Theaterprojekt: Eine Schauspieltruppe sollte nur neue Stücke italienischer Autoren auf die Bühne bringen. Das Geld kam von einer jungen Frau aus Mailand, Wilma Montesi, Geliebte eines reichen Marchese, die Theaterschauspielerin werden wollte.

Begeistert mieteten wir ein kleines Theater, engagierten die Schauspieler, und ich bekam die Regie für das Eröffnungsstück. Wir begannen mit den Proben, der Bühnenbildner fing an, Kulissen zu bauen, die Kostümbildnerin machte sich ans Werk. Ich beklagte mich bei Giovanni, dass die Frau aus Mailand überhaupt nicht schauspielern könne, doch da war nichts zu machen, ich musste sie behalten, denn alles hing von ihrem Geld ab.

Drei Tage vor der Generalprobe verschwand die Mailänderin. Unter ihrer Telefonnummer erreichten wir sie nicht, der Portier in ihrem Wohnhaus hatte sie seit zwei Tagen nicht gesehen. Dann erfuhren wir aus den Zeitungen, dass der berühmte Montesi-Skandal ausgebrochen war, der ganz Italien erschütterte.

Und mit Schaudern entdeckten wir, dass niemand anderes als die Mailänderin ihn ausgelöst hatte. Sie hatte ihren Geliebten, den Marchese, angezeigt.

Damit versiegte der Geldfluss. Ich freute mich, dass ich die Mailänderin durch eine richtige Schauspielerin ersetzen konnte, aber um das Stück aufführen zu können, brauchten wir trotzdem noch fünfundzwanzigtausend Lire.

Wo sollten wir eine solche Summe auftreiben? Giovanni konnte fünftausend beisteuern, und die restlichen zwanzigtausend?

Und so entschied Giovanni während eines traurigen Abendessens bei sich zu Hause, dass er keine andere Wahl hatte. Wir mussten uns von dem Projekt verabschieden.

Ich schob meinen Teller mit dem Braten beiseite. Mir war der Appetit vergangen. Auf die erste große Regiearbeit zu verzichten, war nicht leicht. Wer weiß, wann sich mir wieder eine solche Gelegenheit bieten würde. Ich hatte einen Kloß im Hals.

Jolanda hatte unser Gespräch zwischen zwei Gängen mitbekommen. Und plötzlich sagte sie: «Ich bitte die Herren um Entschuldigung, dass ich mich einmische.»

Wir blickten sie an. Es kostete sie sichtlich Mühe, weiterzusprechen.

«Ich kann Ihnen die zwanzigtausend Lire geben. Von meinen Ersparnissen.»

Das Stück wurde aufgeführt. Die Kritiker waren voll des Lobes über meine Regie. So wurde ich Theaterregisseur.

Dank Jolanda, *la servante au grand cœur*.

Kerstin

Mein Vater war ein leidenschaftlicher Freund und Kenner von Rosen. Er hatte sich ein schönes Stück Land auf dem Gut meines Großvaters, seines Schwiegervaters, ausgesucht und es in einen großen Rosengarten verwandelt, den er immer bevor er morgens ins Büro fuhr und abends, wenn er zurückkam, pflegte.

1938 hatte er sich aus Holland ganze Wagenladungen Rosenstöcke mit dazugehörigem Erdreich kommen lassen. Er besaß Rosen jeder Art, Farbe und Sorte, in seinem Garten blühten die Blumen zu jeder Jahreszeit in solcher Fülle, dass er nicht mehr wusste, wem er sie noch schenken sollte, und sie gratis als Kirchenschmuck oder für Geburten und Hochzeiten bei unbekannten Familien abgab.

Im August 1943 quoll unser Hafen über von Schiffen der Alliierten, alle schwer mit Waffen, Munition, Fahrzeugen und Proviant für die Streitkräfte beladen, die einen Monat zuvor an Land gegangen waren. Vor der Küste lagen noch viel mehr Schiffe vor Anker, sie entluden ihre Fracht mit Hilfe von Amphibienfahrzeugen. Papa war zum Harbor Master ernannt worden und hatte keine Minute Ruhe. Also wurde mir die Pflege der Rosen übertragen.

Eines Morgens schnitt ich nach beendeter Arbeit einen großen Strauß prächtiger Exemplare und ging damit hinunter in den Ort. Bei den ersten Häusern bemerkte ich einen Offizier der amerikanischen Handelsmarine, einen großgewachsenen Mann, kräftig, hellblond, zwischen vierzig und fünfzig, der dort spazieren ging. Als er mich sah, blieb er stehen, anscheinend überrascht, dann begann er, mir durch die engen Straßen zu folgen. Verwundert fragte ich mich, was er wohl von mir wollte. Als ich vor der Eingangstür unseres Hauses angekommen war und nach dem Schlüssel kramte, trat er zu mir und sagte etwas auf Englisch. Ich antwortete mit Gesten, dass ich ihn nicht verstünde. Da zeigte er auf die Rosen und bedeutete mir, dass er eine haben wolle. Aus seinem Gesicht sprach ein so flehentlicher Wunsch, dass ich ihm spontan den ganzen Strauß in die Arme drückte. Erst war er fassungslos, dann leuchteten seine Augen auf, er holte ein Stück Papier und einen Kugelschreiber aus der Tasche und bat mich, meinen Namen und meine Adresse aufzuschreiben. Danach reichte er mir die Hand, wir verabschiedeten uns, und er ging.

Am Nachmittag klopfte ein amerikanischer Matrose an unsere Tür, händigte mir ein Billett aus. Dort stand auf Italienisch geschrieben, dass der Kommandant des Schiffes Rosenfeld, Kapitän Carl Jorgensen, sich geehrt fühle, wenn er mich morgen um 17 Uhr als seinen Gast zum Tee empfangen dürfe. Im Fall meiner Einwilligung werde man mich um 16.30 Uhr abholen. Ich schrieb ein ebenso förmliches Billett mit Zusage und Dank und gab es dem Matrosen.

Er war es auch, der mich abholte, pünktlich auf die Minute. Am Hafen, wo ein Verkehr herrschte wie zu Stoßzeiten, fuhr er mich zu einem großen Schlauchboot, auf dem ein zweiter Matrose wartete. Wir stiegen ein und hatten nach wenigen Minuten den Hafen verlassen. In einer Art Slalomfahrt zwischen den Schiffen hindurch gelangten wir zur Rosenfeld. Das Fallreep war schon bereit, Jorgensen erwartete mich auf Deck, um mich an Bord willkommen zu heißen. Er führte mich in seine recht geräumige Kabine. Auf einem Tischchen standen Teller mit belegten Brötchen, Garnelen auf Salatblättern, wer weiß, wo sie die herhatten, und Salzgebäck. Ein Matrose in makelloser Uniform schenkte dem Kommandanten und mir Tee ein. Auf einem kleinen Schreibtisch standen zwei gerahmte Fotografien.

Jorgensen nahm eine davon und zeigte sie mir. Darauf sah man ein schmuckes einstöckiges Häuschen mit Satteldach, umgeben von einem Garten voll blühender Rosen. Der Matrose übersetzte, was der Kapitän sagte. Das sei sein Haus in Norwegen, die geliebten Rosen pflege er selbst. Mein Strauß habe ihn an sein Zuhause erinnert, das er seit 1939 nicht mehr gesehen habe. Damals habe er sich vom amerikanischen Militär anwerben lassen, um gegen die Nazis zu kämpfen.

Dann griff Jorgensen zu dem anderen Foto. Es zeigte eine wunderschöne Frau, jünger als dreißig, mit langen, schlanken Beinen und Haaren, die bis auf die Schultern fielen. Sie heiße Kerstin, übersetzte der Matrose, und sei die Frau des Kapitäns. Er habe sie seit fast fünf Jahren nicht gesehen und keinerlei Nachricht von ihr. Jorgensen fragte mich, ob ich noch mehr Tee wolle, aber ich lehnte ab. Tee habe ich nie gemocht. Ich bedankte mich, und als ich aufstand, fiel mein Blick auf eine kleine Bibliothek. Bücher machten mich immer neugierig, ich trat näher, um die Titel und Autorennamen zu lesen. Es waren vor allem Penguin-Taschenbücher, doch es gab auch Romane von Simenon und Gide im Original. Ich fragte ihn auf Französisch, ob die Bücher ihm gehörten oder zufällig dort standen. Ein breites Lächeln ging über sein Gesicht, endlich konnten wir ohne Dolmetscher sprechen. Ja, das seien seine Bücher, antwortete er, er sei lange in Häfen wie Brest gewesen, und Französisch habe er neben Englisch in der Schule gelernt. Er bat mich, doch noch ein wenig zu bleiben, und ich setzte mich wieder. Er sagte etwas zu dem Matrosen, worauf der den Tisch abräumte und ging. Dann fragte Jorgensen mich, ob ich gerne Whiskey trank. Ich sagte ja. Er öffnete ein gut bestücktes Schränkchen, nahm eine Flasche und zwei Gläser, reichte mir das gefüllte Glas. Er wollte mehr über die Rosen und über mich erfahren. Ich erzählte, was es zu erzählen gab, dabei trank ich und rauchte Camel. Plötzlich bemerkte ich zu meinem Erstaunen, wie viel Zeit vergangen war, ohne dass ich es gemerkt hatte.

Es war fast acht Uhr, Papa würde sich Sorgen machen, weil ich nicht nach Hause kam.

Also sagte ich Jorgensen, dass ich gehen müsse. Er aber bat mich inständig, noch zu bleiben, denn er müsse dringend mit jemandem über etwas Privates sprechen. Sein Bitten war so entwaffnend und anrührend, dass ich einwilligte. Er ging hinaus, um einen Matrosen zu meinem Elternhaus zu schicken, der Papa beruhigen sollte. Dann machte er die nächste Flasche auf und fragte mich, ob ich etwas essen wolle. Ich verneinte, lieber würde ich mir anhören, was er mir zu sagen habe.

«Das ist nicht so einfach», begann er und brach sofort ab.

Dann holte er weit aus, erzählte einige Begebenheiten aus dem Krieg, doch es war klar, dass er in Gedanken ganz woanders war. Ich bemerkte, dass seine Augen glänzten, vielleicht wegen des Whiskeys, vielleicht aber auch wegen der starken inneren Anspannung. Er fragte mich, ob er sich die Jacke ausziehen dürfe. Dann stand er auf, ging zum Schreibtisch, öffnete eine verschlossene Schublade, entnahm ihr zwei große Umschläge, zog aus dem dickeren Umschlag gut fünfzig Fotos hervor und breitete sie wortlos vor mir aus.

Alle Fotos zeigten seine Frau. Viele Ganzkörperaufnahmen waren dabei, doch auch Dutzende Nahaufnahmen ihres Gesichts und sogar Fotos von Details, den Ohren, den Lippen, dem winzigen Muttermal im Nacken. Eine Obsession. Erregt begann er zu erzählen. Kerstin war Schwedin, er war ihr in einem Laden begegnet, hatte sich sofort in sie verliebt, und drei Monate später hatten sie geheiratet. Die Flitterwochen hatten sie in dem Rosenhäuschen verbracht, das er zwei Jahre zuvor gekauft hatte. Einen Monat lang waren sie keine Sekunde voneinander getrennt, dann musste er nach Amerika abreisen, und seitdem hatte er sie nicht mehr gesehen.

«Verstehen Sie, was das bedeutet?», fragte er mich immer wieder. «Ein einziger Monat Eheleben nur. Und fünf Jahre Trennung.»

Er fuhr fort, offenbarte mir alles über Kerstin, eine achtundzwanzigjährige Frau, die er im Alter von fünfundvierzig geheiratet hatte. Er sagte mir, was sie am liebsten aß, welche Bücher sie gerne las, welche Filme ihr gefielen. Was sie zum Lachen brachte, und was sie rührte. Er schilderte mir sogar zwei Träume, die sie ihm beim Aufwachen erzählt hatte. Und er vertraute mir an, dass Kerstin vor ihm drei Männer gehabt hatte. In einen von ihnen, Olaf, dreißig Jahre alt, war sie ernsthaft verliebt gewesen.

Nach einem langen, stummen Zögern öffnete er den zweiten Umschlag. Wieder Fotos von Kerstin, doch diesmal war sie völlig nackt. Und auch hier Bilder mit allen, sogar den intimsten Details. Er begann, mir von Kerstins sexuellen Vorlieben zu erzählen, von den Vorspielen, die sie besonders erregten, was sie auf den Gipfel der Lust brachte, was sie von ihm verlangte … Ich gestehe, dass ich sehr verlegen und befremdet war, niemals hätte ich gedacht, dass ein Mann aus dem Norden so weit gehen konnte. Doch Jorgensen war nicht zu halten. Und er trank unaufhörlich. Endlich steckte er die Fotos zurück in die Umschläge und verstaute sie wieder in der Schublade, die er verschloss.

Er redete weiter, ein von Zweifeln zerfressener Mann. Kerstin war zu jung, würde er sie bei seiner Rückkehr in dem Rosenhäuschen vorfinden? Oder hatte sie sich wieder mit diesem Olaf zusammengetan, den sie doch geliebt hatte? Wenn sie auf ihn warten würde, schwor er, würde er ihr keine peinlichen Fragen stellen. Sollte etwas passiert sein, würde er es auch so wissen. Die Jugend hat ihre Rechte. Alles würde er ertragen, wenn Gott ihm nur die Gnade erwiese, sie so wiederzusehen, wie er sie verlassen hatte, zwischen den Rosenbüschen im Garten …

Er fing an zu weinen. Dann bat er mich um Entschuldigung, wusch sich das Gesicht, zog seine Jacke wieder an, umarmte mich und sagte, morgen Abend werde sein Schiff abfahren. Er rief seinen Adjutanten und ließ mich nach Hause bringen. Bevor ich einen Fuß auf das Fallreep setzte, umarmte ich ihn meinerseits und flüsterte ihm ins Ohr, dass ich ihm Glück wünschte.

Es war tiefe Nacht. Ich schlief sofort ein. Und träumte natürlich, dass ich mit Kerstin im Bett war. Ich wusste ja alles von ihr, es war, als hätte ich sie schon immer gekannt. Ein paar Tage lang lebte ich mit Kerstin zusammen, ich wurde sie nicht los.

Im März 1947 legte eines Morgens ein Schiff im Hafen an, das unter norwegischer Flagge fuhr. Am Nachmittag klopfte ein Matrose an unsere Tür und hinterließ einen Umschlag für mich. Ich las den Brief am Abend, als ich zum Essen nach Hause kam. Er stammte von Jorgensen, war auf Französisch geschrieben. Wenige Zeilen, um mir zu sagen, dass er sich der Hilfe eines Kollegen bedient habe, um mir Nachricht von sich zu geben. Er war in seine Heimat zurückgekehrt und hatte Kerstin angetroffen, die auf ihn gewartet hatte. Er war glücklich, sie würden bald ein Kind bekommen. Er dankte mir für meine Geduld und das brüderliche Verständnis, das ich ihm gegenüber gezeigt hatte. Es gab auch ein Postskriptum:

«Cette année les roses sont des merveilles!»

Louise

Ja, genau sie, die Brooks. Wer denn sonst?

Sie debütiert mit neunzehn Jahren, 1925, als Tänzerin in den Ziegfeld Follies, hat aber vorher lange bei Martha Graham, der genialen Erneuerin des modernen Tanzes, studiert.

In meinem Anfang ist mein Ende, würde Eliot sagen. Oder besser, in meinem Anfang steckt schon mein ganzes Leben. Denn Louise formt ihre Persönlichkeit im Zeichen der Suche, des Experiments, der individuellen Kreativität, und dann passt sie sich an, reiht sich ein in die legendären Tanzgruppen des berühmten Varietés von Ziegfeld, die zwar phantasievoll choreographiert sind, aber doch ein bisschen preußisch wirken, wenn dreißig identische junge Frauen im perfekten Gleichtakt dieselben Bewegungen vollführen, wie mechanische Puppen.

Louises Leben steht ganz im Zeichen des Widerspruchs.

Mit ihrer Schönheit, ihrer hinreißenden Figur, diesen Beinen, weich, aber auch sehnig wie die einer erstklassigen Ballerina, mit ihrer Intelligenz und starken Persönlichkeit, hätte sie im Hollywood des Stummfilms sofort triumphieren können. Aber sie spielt von 1926 bis 28 in einem Dutzend Filmen mit, und keiner der doch wirklich großen Regisseure dieser Filme, von Howard Hawks bis

William Wellman, ahnt, welch einen Schatz oder, richtiger, welch eine Bombe er in Händen hat.

Zwischen 1928 und 29 entscheiden sich die Regisseure Malcolm St. Clair und Frank Tuttle, die gemeinsam einen Film drehen müssen und zuvor unabhängig voneinander jeder zweimal mit Louise gearbeitet hatten, mit einem Geistesblitz für sie als Hauptfigur. Der Film heißt *The canary murder case* und basiert auf dem gleichnamigen, fesselnden Kriminalroman von S. S. Van Dine.

Louise spielte in diesem Film die Rolle einer Nachtclubtänzerin (was sie dann auch im wirklichen Leben sein würde) und trug ein sensationelles, ganz aus Federn bestehendes Kanarienvogelkostüm. Magnetisch zog sie die Blicke der Zuschauer auf sich, ihre faszinierende Ausstrahlung irritierte. Doch das war nur ein erster Hinweis auf das, was kurz darauf geschehen sollte. Der Film war ein internationaler Erfolg.

In Deutschland muss ihn der große Regisseur Georg Wilhelm Pabst gesehen haben, denn er holte sie unverzüglich für seinen Film *Die Büchse der Pandora* nach dem Theaterstück von Wedekind. Und im selben Jahr, 1929, drehte Pabst, wiederum mit Louise, den Film *Tagebuch einer Verlorenen*.

Nach Ansicht vieler Cineasten kennzeichnen diese beiden Filme die erste echte Bewährungsprobe und den Durchbruch einer einzigartigen, überragenden Schauspielerin.

Mit ihrer Darstellung von Wedekinds Lulu bewirkt Louise das Wunder, alle möglichen Aspekte der Weiblichkeit in sich zu vereinen.

Ihre schwarzen Haare sind zu einem Bubikopf mit Pony

geschnitten (eine Frisur *à la garçonne* hieß es damals, glaube ich), und jede Bewegung ihres erotischen Körpers ist ein Loblied auf die Sinnenlust, doch schon im nächsten Augenblick wird ihr offener, klarer Blick zur Hymne auf den erhabensten Ausdruck einer Frau.

Heimtücke und Amoralität verschwistern sich mit Unschuld und Reinheit.

Dieser ständige Widerspruch, der Louises ureigenes Wesen ist, findet hier den magischen Punkt des richtigen Gleichgewichts.

Blendend hell, gleißend und flüchtig wie ein Meteorit zieht Louise auf den Kinoleinwänden vorüber.

Im folgenden Jahr, 1930, wird sie unter der Regie des Italieners Augusto Genina in *Prix de beauté* spielen, doch der Film markiert den Beginn einer absteigenden Bahn. Nicht weil Louise nicht mehr die großartige, unerreichbare Schauspielerin ist, die sie bei Pabst war, sondern weil sie niemanden mehr finden wird, der in der Lage ist, mäeutisch das Beste aus ihrer verwirrenden, komplexen Persönlichkeit herauszuholen.

Genina war es mit Sicherheit nicht, und er rächte sich für den Misserfolg des Films, indem er ihr die Schuld gab. Sie habe ganze Nächte lang getrunken und jedes Mal mit einem anderen Mann geschlafen, ja, eines Morgens habe man sie sogar in ihre Bettdecke gewickelt zum Set bringen müssen, weil sie sich weigerte aufzustehen … Ob das nun wahr ist oder nicht, es trug zu der Legende bei, die aus Louise eine Lulu machte, wie sie von da an genannt wurde, eine liederliche, launische, verdorbene Frau.

Nicht zuletzt aufgrund der Einführung des Tonfilms verschwand sie wenige Jahre später aus dem Rampenlicht und wurde bald vergessen. Nun triumphierte der blaue Engel Marlene Dietrich, doch deren vielbeschworene Sinnlichkeit reichte im Vergleich zu Louise nicht mal an die einer Internatsschülerin heran.

Louise kehrte in die Vereinigten Staaten zurück, arbeitete als Nachtclubtänzerin, spielte in ein paar zweitrangigen Filmen mit, war Radiosprecherin und wurde alt.

Doch wer sie 1928 gesehen hatte und wer später zufällig in Filmarchiven auf sie stieß, konnte sie nicht vergessen.

So wurde sie von den jungen Franzosen um die *Cahiers du cinéma* wiederentdeckt. Godard, Truffaut und die anderen waren zu Recht beeindruckt und rühmten sich ihres Fundes. Sie holten Louise nach Frankreich, wo sie Retrospektiven ihrer berühmtesten Filme veranstalteten.

1968 erschien in der Comiczeitschrift «Linus» unter dem Titel *La curva di Lesmo* das erste Abenteuer der Reporterin Valentina, eines Geschöpfes des großartigen Zeichners Guido Crepax. Zahllose Verehrer der Brooks, darunter auch ich, waren ihm dankbar, dass er der Comicfigur ihre Züge verliehen hatte.

Diese späten Würdigungen machten ihr Mut, auf anderen Gebieten zu arbeiten. Louise war eine sehr gebildete Frau und passionierte Leserin. Sie begann, Essays und Erzählungen über den Stummfilm zu schreiben, die sie dann in einem Band zusammenfasste, und eine Zeitlang schrieb sie Filmkritiken.

Dann fiel erneut der Vorhang des Schweigens über sie. Sie starb 1985.

Ein guter Rat zum Schluss. Wer wissen möchte, was eine Frau ist, kaufe sich die DVDs mit den beiden Filmen von Pabst. Danach sind alle Fragen geklärt.

Lulla

Mirella und Lulla waren Schwestern. Lulla war einundzwanzig, Mirella zwanzig. Wenn sie morgens von der Ferienvilla ihrer Eltern zu dem abgelegenen Stückchen Strand hinuntergingen, wo außer den Bewohnern der Häuser rund um die kleine Bucht fast niemand badete, wurde Mirella von sechs bis acht Jungen empfangen, die sie anbeteten. Lulla dagegen hatte nur zwei Verehrer: Gioacchino, einen am ganzen Körper dichtbehaarten Jungen, untersetzt, die Beine krumm, die Stirn einen Fingerbreit hoch, irgendwas zwischen Affe und Mensch, und den Cavaliere Guttadauro, einen wohlhabenden Mann um die fünfzig mit Bäuchlein, ein kinderloser Witwer, der nur Augen für sie hatte. Mirella war wunderschön, blond, groß, schlank, hatte lange, vollendete Beine und bewegte sich anmutig. Lulla war rothaarig, ihr Busen schwer, der Oberkörper unproportioniert im Verhältnis zu den Beinen, sie ging ein wenig vorgebeugt, ließ die zu langen Arme baumeln, und ihre Haut war mit einer unglaublichen Menge Muttermalen und Sommersprossen besprenkelt.

Natürlich lachten Mirellas Verehrer über die beiden Typen, die Lulla nachliefen, und fragten sich, was sie an ihr fanden.

Bis auf einen. Gianni meinte sie zu verstehen. Denn auch Lulla hatte ihren Reiz.

Von mittelmäßiger Intelligenz, aber nicht dumm, Witzen und Zweideutigkeiten gegenüber unzugänglich, immer ein bisschen mürrisch und ruppig im Umgang, war sie das Musterbeispiel einer urtümlichen Frau aus der Steinzeit. Manchmal malte Gianni sich aus, wie es sein müsste, mit ihr zu schlafen, und heraus kam eine durchaus erregende Vorstellung, die ihn um Jahrhunderte zurückversetzte, bis in die Zeit der Höhlenmenschen.

Jeder wusste, dass Mirella sich, sei es aus Langeweile oder aus Gründen, die nur sie kannte, von Zeit zu Zeit einem zufällig ausgewählten Jungen aus der Schar ihrer Verehrer hingab, während Lulla in dieser Hinsicht eine uneinnehmbare Festung war. Ihr idealer Partner hätte aus naheliegenden Gründen der Junge mit der niedrigen Stirn und den krummen Beinen sein müssen: Die beiden verständigten sich hervorragend mit Gesten und Grunzlauten. Doch man erzählte, dass Lulla ihn nach einem etwas kühnen Annäherungsversuch mit einem Fausthieb ins Gesicht niedergestreckt hatte. Der Cavaliere Guttadauro dagegen versuchte, sie zu erobern, indem er ihr andauernd Geschenke machte, Ohrringe, Armreifen, Ketten, die Lulla jedoch niemals trug.

Bei Mirella glaubte Gianni sich chancenlos. Seine physische Erscheinung war die eines wandelnden Skeletts, die Jungen um sie herum aber hatten athletische Körper und vollführten Wettrennen, Ringkämpfe, Sprünge und Wettschwimmen vor ihr, wie Olympiakämpfer. Gianni war arm, die anderen hatten alle reiche Eltern und luden Mirella zum Abendessen in teure Luxusrestaurants ein.

Eines Tages fragte einer der Jungen Gianni im Namen seines Bruders, der nicht zur Gruppe der Mirella-Fans gehörte, ob er der Gewinner des regionalen Schachwettbewerbs sei, von dem Zeitungen und Radio berichtet hatten. Gianni bejahte. Da ließ Mirella sich endlich herab, ihm einen weniger zerstreuten Blick zuzuwerfen. Von dem Tag an änderte sich auch ihr Verhalten Gianni gegenüber. Wenn sie den in ehrfürchtiger Stille lauschenden Männern von sich erzählte, suchten ihre Augen jetzt häufig Giannis Blick, so als fragte sie ihn nach seiner Meinung über das, was sie sagte.

Lulla ging immer als Erste zum Mittagessen nach Hause, Mirella folgte ihr etwa zehn Minuten später, den Schwarm ihrer Verehrer im Schlepptau. Eines Tages verabschiedete sie sich an der Haustür von allen, zu Gianni aber sagte sie:

«Du bleibst, ich muss dir etwas sagen.»

Sie wird mich doch nicht etwa für ihr Schäferstündchen ausgewählt haben?, dachte Gianni in höchster Erregung, während er hinter ihr herging.

Sie ließ ihn in eine Art Vorzimmer eintreten, schloss die Tür und setzte sich neben ihn auf ein so kleines Sofa, dass beider Körper in engsten Kontakt gerieten. Himmel, wie gut ihre Haut roch! Sie nahm Giannis Hand.

«Hast du mich gern?»

Gianni blieb die Luft weg. Das Ja, das er herausbrachte, klang, als würde einem Hähnchen die Gurgel umgedreht.

«Dann musst du mir einen Gefallen tun. Ich weiß, dass du mir das nicht abschlagen wirst. Es ist ziemlich heikel. Es geht um Lulla. Als sie achtzehn war, hat sie sich rasend in einen Kerl verliebt, doch der hat sie ausgenutzt und ist dann verschwunden. Seitdem hat Lulla nicht mehr ... verstehst du? Aber du ... du siehst diesem Typen, in den sie verliebt war, wahnsinnig ähnlich, du könntest sein Zwillingsbruder sein, ehrlich! Nun ja, also ... Lulla hat mir gestern gesagt, dass sie dich will. Und du musst wissen, wenn sie sich was in den Kopf setzt und es nicht kriegt, macht sie ein solches Höllentheater, das kannst du dir gar nicht vorstellen. Als Mama ihr einmal ein Kleid nicht gekauft hat, hat sie das Haus angezündet. Die Feuerwehr musste kommen. Würdest du mir den Gefallen tun ...»

Während sie sprach, war Gianni nach hinten übergekippt und hatte sich dabei ziemlich weh getan.

«Das und noch mehr, aus Liebe zu dir», keuchte er. «Aber was genau soll ich tun?»

«Morgen setzt du dich am Strand nicht zu mir, sondern zu ihr.»

«Zusammen mit Gioacchino und dem Cavaliere Guttadauro?»

Sie machte kurzen Prozess, rückte näher zu Gianni und küsste ihn leicht auf den Mund.

«Einverstanden?»

«Einverstanden.»

Am nächsten Morgen kam Gianni etwas später. Er ging an der Gruppe der Verehrer Mirellas vorbei und steuerte unter ihren verwunderten Blicken auf Lulla zu, die etwa zwanzig Schritt entfernt saß. Noch erstaunter waren Gioacchino und der Cavaliere, als sie sahen, dass Gianni sich neben ihnen niederließ. Lulla aber schien ihn erst gar nicht zu bemerken, sie war gerade mit Kämmen beschäftigt.

«Wollen wir ins Wasser gehen?», schlug der Cavaliere vor, als seine Angebetete den Kamm weglegte.

«Nein», sagte Lulla. «Du gehst mit Gioacchino. Jetzt. Sofort.»

Das war ein Befehl. Ohne einen Mucks sprangen die beiden auf und stürzten sich ins Meer.

Lulla warf Gianni einen finsteren Blick zu. Der zuckte überrascht zurück. War das eine Bekundung von Liebe? Oder hatten Mirella und ihre Freunde ihm womöglich einen Streich gespielt? Dann sprach Lulla.

«Ich gehe jetzt nach Hause, und du kommst später nach.»

«Aber da sind deine Eltern …»

«Den ganzen Vormittag über ist niemand zu Hause.»

Sie stand auf und ging. Mirella schien sie im Auge gehabt zu haben, denn sofort erhob auch sie sich und rannte, gefolgt von der ganzen Truppe, aufs Meer zu. Ausgezeichnetes Ablenkungsmanöver. So bemerkte keiner, wie Gianni zur Villa ging.

«Wo bist du?», fragte er aus dem Vorzimmer.

«Hier», antwortete sie von weitem. «Komm rauf.»

Die Villa hatte ein Obergeschoss. Er ging hinauf. Es gab drei Schlafzimmer, eins davon mit Ehebett. Lulla war in ihrem Zimmer, dem letzten am Ende des Flurs.

Gianni trat ein und schrak zusammen. Während sie auf ihn wartete, hatte Lulla sich den Badeanzug ausgezogen. Ohne ein Wort zu sagen, kam sie mit mürrischem Gesicht auf ihn zu und zog ihm die Shorts aus. Darunter trug Gianni seine Badehose.

«Grrr», machte sie wütend.

Um Ärger zu vermeiden, streifte Gianni eilig seine Badehose ab. Lulla zeigte auf einen Stuhl. Gianni setzte sich. Sie legte sich bäuchlings über seine Knie.

«Zähl meine Flecken», befahl sie.

«Welche?», fragte Gianni.

«Die da», antwortete sie, auf ihre Sommersprossen zeigend.

Es gab keinen Millimeter auf ihrer Haut ohne einen rötlichen Fleck.

«Aber das ist unmöglich!»

«Los, fang schon an!», befahl sie und kniff ihn in die Wade, dass ihm die Tränen in die Augen stiegen.

«Wo soll ich anfangen?»

«Von da», sagte sie und deutete auf eine Stelle über der linken Pobacke.

Gianni fing an zu zählen. Lulla schwitzte und strömte einen Geruch zwischen Moschus und Wildkaninchen aus. Als er bei zweihundert angekommen war, begann sie sich auf ihm zu bewegen. Bei dreihundert zappelte sie. Das Zählen erregte sie offenbar. Plötzlich hielt sie es nicht mehr aus und sprang auf. Dabei stieß sie ihre gutturalen Laute aus. Danach spielte sich alles so ab wie in Giannis erotischer Phantasie, allerdings mit verkehrten Rollen. Lulla streckte die Hand aus, packte ihn an den Haaren und zerrte ihn vom Stuhl, sodass er auf die Knie fiel. Dann schleifte sie ihn buchstäblich zum Bett. Ihr fehlte nur noch die Keule in der anderen Hand. Sie ließ ihn aufstehen, umfasste seine Hüften und warf ihn aufs Bett. Eine Sekunde später war sie über ihm. Gianni wurde ausdauernd vergewaltigt und gequält. Sobald er unabsichtlich ein Zeichen von Müdigkeit zeigte, riefen ihn eine Ohrfeige oder ein Boxhieb unters Kinn zur Ordnung. Oder Lulla nahm seinen Kopf, hob ihn an und schlug ihn zwei-, dreimal gegen das metallene Bettgestell. Das Ganze unter Grunzen, Zungenschnalzen und steinzeitlichem Brummen.

Dann entschied sie, dass sie genug hatte, und ging ins Bad, wo sie sich einschloss. Gianni zog sich hastig an und floh.

Am Nachmittag rief er Mirella an. Sie ließ ihn nicht zu Wort kommen.

«Danke wegen Lulla», sagte sie. «Du hast ja keine Ahnung, wie sehr ...»

«Schon gut», unterbrach Gianni sie, «aber ich wollte dir erklären, dass ich nicht noch mal so behandelt werden ...»

«Dann hast du gar nichts verstanden! Es wird kein zweites Treffen geben. Lulla hat bekommen, was sie wollte, und damit ist es für sie erledigt. Morgen kannst du wieder zu mir kommen.»

Maria

Die erste Liebe vergisst man nie, heißt es. Und wirklich, hier sitze ich und erinnere mich an sie. Sehr zart und banal wie alle ersten Lieben, denen nur das Gewicht der Erinnerung Bedeutung verleiht.

Ich war noch nicht fünfzehn und hatte die *Ludi Juveniles* der Provinz im Bereich Theater gewonnen. Es handelte sich um eine faschistische Veranstaltung, eine Art Ausscheidungskampf zwischen Schülern der Gymnasien und vergleichbarer Schulen, um die Besten in unterschiedlichen künstlerischen Disziplinen zu ermitteln, die dann später an einem nationalen Wettbewerb teilnehmen durften. Das Stück, das inszeniert werden sollte, *Le montagne* von Romualdi, hatte ich nicht selbst ausgesucht, ich fand es ziemlich mittelmäßig. Zum Vorsprechen erschienen etwa zwanzig Schüler und Schülerinnen. Die meisten nahmen nicht aus Liebe zum Theater teil, sondern weil man als Mitwirkender von den Pflichtveranstaltungen am sogenannten «faschistischen Samstag» befreit war. Acht Rollen waren zu vergeben, ich konnte also nach Belieben auswählen. Durch ihr natürliches Temperament tat sich sofort Maria hervor, sie war in meinem Alter, Schülerin einer Fachoberschule für zukünftige Lehrer, hatte pechschwarze Locken und große dunkle Augen mit einem Schimmer von

Ebenholz und ausgeprägte, sinnliche Lippen. Sie bewegte sich wie eine Katze, und katzenhaft waren auch ihre raschen Reflexe sowie ihre Stimmungsschwankungen. Ich verliebte mich auf den ersten Blick in sie. Doch als Regisseur musste ich Zurückhaltung wahren. Nach beendeter Probe blieben wir keine Minute länger zusammen, außerdem wurden wir von einer misstrauischen Aufseherin überwacht, die immer in Uniform war. Wenn ich auf die Bühne stieg, um den Schauspielern Anweisungen zu erteilen, vermied ich es sorgfältig, Marias Blick zu kreuzen. Musste ich ihr etwas sagen, fixierte ich einen Punkt oberhalb ihres Kopfes. Natürlich entging ihr das nicht. Eines Tages liefen wir uns im Flur über den Weg. Ich ging weiter, das Gesicht zur Wand, doch ich hörte sie sagen: «Sieh mich an.»

«Endlich!», sagte sie lächelnd, als ich mich mit rotem Kopf zu ihr umdrehte.

Und sie ging weiter.

Die Aufführung war ein Erfolg. Der Federale, höchste politische Autorität der Provinz, gratulierte uns und sagte, in der nächsten Woche würden wir für den Ausscheidungskampf der Regionen nach Palermo fahren. Dort sollten acht Theatertruppen gegeneinander antreten. Die Jury, die nur eine einzige Inszenierung für den nationalen Wettbewerb in Florenz auswählen würde, kam aus Rom. Unser Stück würde den Wettkampf eröffnen, wir hatten zwei Tage Zeit, um Kulissen und Beleuchtung aufzubauen und zu proben. Man stellte uns einen Bus für die Truppe und einen Kleintransporter für Kulissen und Kostüme zur Verfügung. In fieberhafter Aufregung fuhren wir um sechs Uhr morgens los. Als wir in Palermo angekommen waren, ging ich mit den Technikern sofort ins Teatro Biondo und kam erst zwei Tage später am Abend nach unserer Aufführung wieder heraus. Wir aßen etwas und fuhren um neun Uhr abends zurück nach Agrigent. Es war dunkel. Im Bus setzte ich mich allein in die letzte Reihe aus vier Plätzen ohne Armlehnen. Maria saß in der Reihe vor mir, ebenfalls allein. Zehn Minuten nach der Abfahrt löste sich die Spannung der vergangenen Tage. Langsam wurde es still, schon bald war die Aufseherin eingeschlafen, ebenso alle Jungen und Mädchen.

Da stand Maria auf und setzte sich neben mich. Ohne ein Wort drückte sie meine Hand. So fuhren wir eine Zeitlang, unsere Körper berührten sich. In einer Kurve fiel sie plötzlich auf mich.

Ich umarmte sie, hielt sie fest an mich gedrückt, obwohl ich fürchtete, das stampfende Klopfen meines Herzens würde alle aufwecken. Sie erwiderte meine Umarmung, indem sie einen Arm auf meinen Rücken legte. Ich senkte den Kopf, bis ich nur noch wenige Zentimeter von ihrem Hals entfernt war.

Nie zuvor hatte ich den berauschenden Duft der Haut eines Mädchens aus solcher Nähe gerochen. Ein Brummen in den Ohren, eine Hitze wie vom Fieber, ich verstand gar nichts mehr. Kurz bevor wir uns küssten, seufzte sie tief.

Filmhistoriker sagen, der längste Kuss der Filmgeschichte sei der in *Notorious* gewesen. Wir legten unsere Lippen aufeinander, als wir an einer Ortschaft mit Namen Lercara Friddi vorbeifuhren, und lösten sie hundertfünfundzwanzig Kilometer später wieder voneinander. Zugegeben, es mag ein unerfahrener Kuss gewesen sein, aber doch ein schöner Rekord.

Von da an richteten wir es so ein, dass wir uns jeden Tag heimlich treffen konnten.

Wir waren schwer verliebt. Doch schon bald machte ich Erfahrungen mit ihrer Eifersucht. Ich hatte mir nichts vorzuwerfen, Maria aber fand immer etwas.

«Warum hast du Giovannas Hand beim Abschied so lange gehalten?»

Und sie durchbohrte mich mit Blicken.

Wenn sie wirklich böse war, fürchtete ich mich vor ihren Augen. Sie waren wie Brennspiegel.

Eines Tages kam die Nachricht, dass wir den regionalen Ausscheidungskampf gewonnen hatten. Wir würden also nach Florenz zum internationalen Treffen der faschistischen Jugend fahren, wo die Endrunde stattfinden sollte.

In Florenz trafen wir Jungen und Mädchen aus Spanien, Portugal, Frankreich, Kroatien, Deutschland, Rumänien, Ungarn und sogar aus Japan. Wir Italiener schliefen in großen Zelten, die im Parco delle Cascine aufgebaut waren, die Mädchenschlafsäle waren in Schulen eingerichtet. Die Versammlungen, Proben und Vorführungen fanden meistens vormittags statt, die Nachmittage standen zur freien Verfügung.

Ich glaube, es gibt keinen Hauseingang in Florenz, der uns nicht für mehr oder weniger lange, doch zunehmend versiertere und leidenschaftlichere Küsse Unterschlupf geboten hätte. Unsere Zärtlichkeiten wurden, wie soll ich sagen, erwachsen, erfahren und erforschend gleichzeitig, doch über eine bestimmte Grenze wagten wir uns nicht hinaus.

In jenen Tagen nahm Marias Eifersucht krankhafte Formen an, auch weil ich von Zeit zu Zeit einem schönen deutschen Fräulein oder einer Señorita flüchtige Blicke zuwarf. Eines Tages hielt uns ein sehr hübsches Mädchen aus Ungarn auf der Straße an, um uns etwas zu fragen, doch wir verstanden es nicht. Mir kam in den Sinn, sie auf Lateinisch zu fragen, ob sie Latein lerne. Sie bejahte. So konnten das Mädchen und ich uns verständigen, und es erhielt die Auskunft, die es haben wollte. Als wir allein waren, biss Maria mir in den Finger, dass er blutete. Ein anderes Mal trat sie mir so kräftig auf den Fuß, dass ich den ganzen nächsten Morgen lang humpelte.

Unsere Liebe wurde durch höhere Gewalt beendet. Wenige Tage, nachdem wir aus Florenz zurückgekehrt waren, wurde sie krank. Sie stammte aus einem Dorf in der Provinz, in Agrigent wohnte sie bei einer Tante. Ihre Eltern kamen sie abholen. Sie schickte mir ein paar Ansichtskarten aus dem Krankenhaus in Palermo. «Grüße und Küsse, Maria.»

Ich sah sie nie wieder.

Sehr viele, vielleicht zu viele Jahre später begegnete ich einer gemeinsamen Freundin aus jener Zeit. Ich fragte sie nach Maria. Sie antwortete, manchmal träfen sie sich, es gehe ihr gut, sie habe geheiratet und drei Kinder.

«Ich werde sie von dir grüßen», versprach sie.

Marika

Kurz bevor Italien in den Krieg eintrat, also 1940, kam
Signor Ruoppolo, Eigentümer des gleichnamigen Cafés in
meinem Heimatort, eine revolutionäre Idee, wie er seinen
Konkurrenten, das wegen seiner Eiscremes unübertreff-
liche, ebenfalls am Corso gelegene Café Castiglione, aus
dem Feld schlagen könne. Er ließ eine schöne, üppige junge
Frau, zwanzig Jahre alt und rothaarig, aus Triest kommen
und stellte sie hinter den Tresen. Die Frau trug einen
weißen Kittel mit großzügigem Ausschnitt, und es war
nur allzu offensichtlich, dass sie darunter nichts anhatte.
Ruoppolos Idee und diese, nennen wir es Uniform, stie-
ßen auf begeisterte Anhänger. Binnen kurzem emigrierten
sämtliche jungen Männer des Ortes, aber auch mittelalte
Herren, verheiratet und mit Kindern, unter dem Ruf «Hoch
lebe das italienische Triest!» aus dem Café Castiglione.

Die Rothaarige aber zog vorüber wie eine Sternschnup-
pe. Nach kaum sechs Monaten verlobte sie sich mit einem
Unteroffizier der Marine und verließ den Ort, um mit ihm
zusammenzuleben. Enttäuscht kehrten die Emigranten
ins Vaterland zurück. Signor Ruoppolo hielt durch bis zu
den Weihnachtsfeiertagen, dann beschloss er angesichts
der dramatisch sinkenden Umsätze, Abhilfe zu schaffen,
und ließ abermals ein Mädchen aus Triest kommen.

Sie hieß Marika und war weißblond, hellhäutig, groß gewachsen, freundlich, vielleicht ein kleines bisschen weniger wohlgeformt als die Rothaarige, doch ihre Kurven waren weich – «singend», wie der Buchhalter Principato sie zu definieren beliebte. Das Café Ruoppolo füllte sich wieder, und nicht nur mit Einwohnern, es kamen auch Matrosen und Offiziere von den Kriegsschiffen, die im Hafen lagen.

Marika hatte die Wohnung im Erdgeschoss geerbt, die Signor Ruoppolo gehörte und in der zuvor die Rothaarige gewohnt hatte. Ihr Dienst dauerte bis Mitternacht. Wenn die letzten Kunden bedient waren, ließ das Mädchen den Rollladen herunter und ging in ein großes Hinterzimmer, das als Lager benutzt wurde. Dort legte sie ihren Kittel ab, wusch sich und zog ihre Kleider an. Dann sperrte sie das Schloss am Rollladen ab und ging in ihre Wohnung. Auf ihrem Heimweg tauchten unvermeidlich Bewerber aus der Dunkelheit auf, die verschiedene Anliegen hatten. Der eine bat sie, ihr ganzes Leben mit ihm zu verbringen, ein anderer wollte hingegen nur eine Nacht.

Marika aber, immer freundlich und mit einem breiten Lächeln, sagte allen nein.

Renzino, noch nicht sechzehn, war verrückt nach ihr. Niemals hätte er den Mut gefunden, ihr einen Antrag zu machen, und wenn er es getan hätte, hätte Marika ihn ausgelacht. Er war noch mit keiner Frau zusammen gewesen, und die Sehnsucht nach Marika war so groß, dass sie ihn um den Schlaf brachte.

Vormittags ging er zur Schule, die Nachmittage verbrachte er am Tresen klebend, wo er Limonade trank und beobachtete, wie sie sich bewegte. Von Zeit zu Zeit warf sie ihm einen Blick zu und lächelte ihn an, sie hatte genau verstanden, was ihm durch den Kopf ging, aber sie konnte ihm nicht mehr bieten als dieses Lächeln. Eine Art Treueprämie.

Dann erfuhr man im Ort, dass Marika die Geliebte von Doktor Sciacca geworden war, der es durch Heirat zu Reichtum gebracht hatte. Seine Frau Ernestina war entschieden hässlich und rasend eifersüchtig, doch ihre Mitgift war millionenschwer gewesen. Darum musste der Doktor penible Vorsichtsmaßnahmen treffen, wenn er zu Marika gehen wollte, zum Beispiel überraschende Geburten und unerwartete Herzanfälle erfinden, um ein paar nächtliche Stunden außer Haus verbringen zu können.

Die aus der Dunkelheit auftauchenden Bewerber verschwanden, Renzino aber blieb unerschütterlich an den Tresen geschweißt. Und Marika belohnte ihn mit einem Lächeln.

Eines Tages nahm ein ausgeklügelter Plan in Renzinos Kopf Gestalt an. Ein sehr kühner Plan, zu dem ihn nur seine unbezwingliche Sehnsucht hatte anstacheln können.

Es begann an einem Abend. Er tat, als wollte er auf die Toilette gehen, die sich im hinteren Teil des Cafés befand, ging aber in das Hinterzimmer, um sich das Fenster dort anzusehen. Es war breit genug, er würde hindurchschlüpfen können. Er betrachtete Marikas Kleider, die ordentlich über dem Stuhl neben einer Waschschüssel hingen. Dann kehrte er zum Tresen zurück.

Zehn Minuten bevor das Café geschlossen wurde, verabschiedete er sich von Marika und tat wieder so, als müsse er auf die Toilette. Stattdessen ging er in das Hinterzimmer-Lager, wo er sich im Licht einer mitgebrachten

Taschenlampe umsah. Er versteckte sich hinter einigen Kaffeesäcken und wartete.

Sein Plan bestand darin, Marika zu beobachten, wie sie sich nackt auszog, sich wusch und wieder ankleidete. Das würde ihm schon genügen. Er war einfach gierig nach ihr. Wenn Marika den Rollladen abschließen ging, würde er das Café verlassen können, indem er durch das Fenster im Hinterzimmer sprang, das auf eine menschenleere Gasse führte.

Etwa eine Viertelstunde später wurde Licht im Hinterzimmer gemacht, und Marika trat ein.

Sie zog ihren Kittel aus, und so konnte Renzino sie endlich nackt sehen. Ihre schneeweiße Haut schimmerte hell, während sie sich wusch. Er sah sie von hinten, und das war ein schöner Anblick. Er war schweißgebadet, sicher fieberte er. Dann drehte Marika sich plötzlich um und kam auf ihn zu, um das Handtuch zu nehmen, das am Haken hing. Als er sie von vorne sah, wurde ihm schwindelig. Ihre Brustwarzen waren magnetische Pole mit kosmischer Anziehungskraft.

Er begriff gar nichts mehr. Auf allen vieren, so wie er hinter den Säcken gehockt hatte, kroch er aus seinem Versteck hervor und bewegte sich winselnd und ächzend auf sie zu.

Marika erstarrte vor Schreck, der Mund stand ihr offen, das Handtuch fiel zu Boden.

Renzino kroch ihr weiter auf allen vieren entgegen, bis er bei ihr angekommen war, dann richtete er sich ein wenig auf, reckte den Hals und küsste ihren Bauchnabel.

Marika überkam heftiges Mitleid. Sie bückte sich, nahm ihn an den Armen, zog ihn hoch und drückte ihn an sich.

«Du Ärmster», flüsterte sie.

Renzino merkte nicht, dass er weinte. Erst als sie ihm die Tränen mit der Hand trocknete, wurde es ihm klar.

«Nicht weinen, armer Kleiner.»

Renzino zitterte, sprechen konnte er nicht. Sie berührte seine Stirn und fasste einen raschen Entschluss.

«Heute Abend kann ich nicht, morgen ja, dann kannst du zu mir kommen. Warte mal kurz.»

Sie ging zum Stuhl, nahm ihr Täschchen, öffnete es und holte einen Schlüssel heraus, den sie ihm gab.

«Das ist ein Nachschlüssel zu meiner Wohnung. Morgen machst du damit fünf Minuten vor Mitternacht die Tür auf und gehst rein, ohne dass dich jemand sieht. Warte dort auf mich. Mach kein Licht.»

Sie half ihm, durch das Fenster zu schlüpfen. In seinem Zustand hätte Renzino das niemals allein geschafft.

Alles lief wie geplant.

In der nächsten Nacht half Marika ihm mit unendlicher Zärtlichkeit, sein Herzklopfen, das Zittern und seine Unerfahrenheit zu überwinden.

Am Nachmittag des darauffolgenden Tages brachte Renzino ihr einen großen Strauß Rosen ins Café.

Und obwohl er nie wieder darum bat, sie besuchen zu dürfen, weil er wusste, sie hätte nein gesagt, verbrachte Renzino noch lange Zeit jeden Nachmittag im Café, wo er am Tresen klebte, seine Limonade trank und sie ihm von Zeit zu Zeit zulächelte.

Nofretete

Nefertiti risorta lautete der Titel eines Romans, den ich als Jugendlicher las und dessen Autor ich vergessen habe.

An die Handlung erinnere ich mich nur vage. Der Roman erzählte, meine ich, von der ägyptischen Königin, deren Name bedeutet: «Die Schöne ist gekommen.» Da sie als Tochter des Sonnengottes übernatürliche Kräfte besaß, nahm sie als Frau der Jetztzeit Gestalt an und brachte alle Männer, die ihr begegneten, dazu, sich unsterblich in sie zu verlieben. Sie löste eine Unmenge Ehekatastrophen aus, dann fiel sie selbst einer nicht erwiderten Liebe zum Opfer und wurde dank einer Art Pakt mit dem Jenseits wieder zur Mumie. Damals hielt ich die Geschichte für reine Erfindung, später erfuhr ich, dass es Nofretete, die Schöne, wirklich gegeben hat.

Ich gestehe, dass mir der Atem stockte, als ich ihre Porträtbüste im Ägyptischen Museum in Kairo sah. Eine gute halbe Stunde blieb ich reglos, hypnotisiert, fasziniert davor stehen.

Denn dieses Gesicht ist nicht nur das herrliche Bildnis Nofretetes – es ist das Sinnbild der ewigen, erhabenen weiblichen Schönheit, seit Jahrhunderten unverändert.

Dieses Gesicht überrascht durch seine «Modernität», es hat sogar eine gewisse Ähnlichkeit mit Greta Garbo.

Die Ägyptologen können nur Vermutungen über Nofretetes Lebensgeschichte aufstellen. Einige sehen sie in Ungnade gefallen, weil sie gegen den Pharao konspirierte, andere behaupten, sie habe die Macht mit ihrem Mann geteilt, habe ihn zu seinen Reformen angeregt und nach seinem Tod sogar allein auf dem Thron gesessen.

Eines ist jedenfalls sicher: Sie war nicht adeliger Abstammung, sonst hätte man in den Papyri Hinweise auf ihre Herkunft gefunden. Sehr wahrscheinlich war sie die Tochter eines hohen Würdenträgers am Hof.

Der Pharao Echnaton sah sie, war von ihr bezaubert und heiratete sie.

Doch ich glaube, das war leichter gesagt als getan.

Der Pharao war ein absoluter Herrscher, sein Wille kannte weder Hindernisse noch Grenzen, er hatte Macht über Leben und Tod seiner Untertanen. Aber auch für einen Pharao gab es Regeln, die unbedingt eingehalten werden mussten, und eine davon verbot vermutlich die Heirat zwischen einem Pharao und einer Frau, die nicht aus einem hochadeligen Geschlecht stammte.

Wenn doch sogar der Nachfolger auf den Thron von England 1936 auf die Krone verzichten musste, um seine Amerikanerin Miss Simpson heiraten zu können!

Ich denke, aber das denke ich als Romancier, ohne jeden geschichtswissenschaftlichen Beistand, dass Echnaton sich einer klugen Strategie bedient hat, um das Problem zu lösen: Er brachte das Gerücht in Umlauf, dass eine Schönheit wie die Nofretetes nur überirdischen Ursprungs sein konnte.

Von hier ist es nur noch ein kleiner Schritt, um sie zur Tochter des Sonnengottes zu machen und sie zum Beweis des Wunders von der Sonne zur Erde hinabsteigen zu lassen. Damit ist nicht nur das Problem der Heirat gelöst; die wünschenswerte Ehe mit einer Göttin wird die Macht des Bräutigams zweifellos noch vergrößern.

Nach der Hochzeit wird Nofretete die Aufgabe zugeteilt, den Kult der Sonnenanbetung zu zelebrieren, anstelle des Herrschers, dem diese Aufgabe rechtmäßig zusteht.

Auf einem Gemälde sind der Pharao, Nofretete und ihre Tochter abgebildet, während sie die Sonne, die Erzeugerin allen Lebens, anbeten. Nofretete hält ein Tablett mit einer Statuette in die Höhe, die sie selbst im Gebet darstellt, es soll ihre halbgöttliche Natur symbolisieren.

Fest steht auch, dass Echnaton sie so innig liebte, wie sie es verdiente.

Zahlreiche Darstellungen zeigen das Paar in liebevoll zugewandter Haltung (ähnlich wie auf Schnappschüssen von Paparazzi), und auf einem Bild küsst der Pharao seine Gemahlin zärtlich vor den Augen der Öffentlichkeit.

Nach dem Willen des Pharaos sollte der Sarkophag, der seine Mumie enthalten würde, statt der üblichen Abbildungen der vier Schutzgottheiten an den vier Ecken nur Bilder von Nofretete tragen.

Von der «Herrin der Glückseligkeit, mit strahlendem Antlitz, groß in der Liebe», wie sie auf einer Stele bezeichnet wird, gibt es ein zweites Porträt im Ägyptischen Museum in Berlin.

In Wirklichkeit ist es nur ein unvollendeter Entwurf des Bildhauers Thutmosis, doch Nofretetes Schönheit gleicht auf diesem Bild nicht in allen Einzelheiten der auf dem Porträt in Kairo. Und das liegt nicht am unterschiedlichen Stil der beiden Bildhauer.

Der Grund ist kürzlich entdeckt worden, als man das Werk in Berlin mit Röntgenstrahlen untersuchte. Die Prüfung ergab, dass in Nofretetes Gesicht, vor allem um die Augen, kleine Falten eingemeißelt worden waren.

Nofretete stand Thutmosis also Modell, als sie nicht mehr ganz jung war, und sie wollte, dass ihr Bild als Frau nicht idealisiert wurde, sondern er sie realistisch wiedergab, so wie sie in dem Moment aussah.

Wenn es sich wirklich so verhält, muss man schlussfolgern, dass Nofretete nicht nur die größte Schönheit, sondern auch die größte Weisheit verkörperte.

Vielleicht ist das feine Lächeln, das auf dem Porträt von Kairo um ihre Lippen spielt, recht betrachtet, weniger rätselhaft, als es scheinen mag.

Es ist ein wissendes Lächeln.

Es weiß, dass die Schönheit, die der Bildhauer für die Ewigkeit festzuhalten versucht, flüchtig ist.

Diese kleinen Falten um die Augen, die sie nicht ausmerzen ließ, weil sie eben existierten, sind eine wichtige Lehre für alle Frauen, die das Alter fürchten und Zuflucht beim Schönheitschirurgen suchen.

Diese kleinen Falten bewirken, dass wir uns noch mehr in Nofretete verlieben. Sie wusste um sich als die Schöne, die gekommen war, die aber auch, wegen der Unerbittlichkeit der Natur, die Schöne war, die gehen würde.

Ninetta

Ihr Name stand nie in den Zeitungen, ihre Geschichte war nie eine Nachricht wert, auf einer alten verblassten Fotografie ist ihr Gesicht kaum zu erkennen. Sie ist eine vollkommen anonyme Frau gewesen, die 1925 ein schönes siebzehnjähriges Mädchen war.

Von ihrem Leben weiß ich fast gar nichts, nur das, was ich erzählen werde.

Und das meiner Meinung nach verdient, erzählt zu werden.

Sie lebte mit ihrer Familie in einem Bauerndorf im Inneren Siziliens, ihre Eltern besaßen ein kleines Stück Land und ernährten sich mit Müh und Not von dessen Erzeugnissen. Ninetta half ihnen. Sie war ihr einziges Kind.

Jeden Tag sah das Mädchen auf dem Weidepfad, der am Rand ihres Feldes entlanglief, einen Bauern vorbeikommen. Er war einundzwanzig Jahre alt und hieß Giacomo. Er ging mit seinem Maulesel ins Dorf, um Obst, Gemüse und frische Eier zu verkaufen.

Giacomos Vater war vor Jahren gestorben, um den Hof und die kranke Mutter kümmerten sich Giacomo und sein sechs Jahre älterer Bruder Giuseppe.

Giacomo kam also zweimal am Tag vorbei, frühmorgens und wenn er heimkehrte, immer kurz nach zwölf

Uhr mittags. Und jedes Mal, wenn Ninetta auf dem Feld arbeitete, blieb sein Blick beharrlich an ihr hängen.

Ninetta gefiel der junge Mann, den sie als anständig und fleißig kannte, ausnehmend gut, doch wie es sich gehört, ließ sie sich nichts anmerken und fuhr fort, den Boden umzugraben, ohne den Kopf zu heben.

Dann geschah es, dass sie sich an einem Feiertag vor der Kirchentür plötzlich von Angesicht zu Angesicht gegenüberstanden. Sie konnten nicht anders, sie mussten sich anblicken.

Sie sprachen nur mit den Augen zueinander und verstanden sich. Sie gaben sich ein feierliches Versprechen. Es war ein langer, heimlicher Dialog, der einen Augenblick dauerte.

Jetzt hob Ninetta den Kopf, wenn Giacomo auf dem Pfad vorbeikam, und erwiderte seinen Blick.

Das Dorf wurde damals von dem faschistischen Bezirksvorsteher Anselmo unterjocht, einer von den Schlägertrupps im Schwarzhemd, roh und gewalttätig, der auch den lokalen Behörden seinen Willen aufzwang.

Anselmo besaß einen Hof, der an den Boden von Giacomo und seinem Bruder grenzte, und versäumte keine Gelegenheit, sie zu drangsalieren. Einmal hatte er nachts den Stacheldraht verschoben, der die Grenze zwischen den Grundstücken kennzeichnete, und seinem Stück Land auf diese Weise vier prächtige Obstbäume einverleibt; ein andermal hatte er auf dem Viehmarkt verlangt, dass ein Esel, der schon an die Brüder verkauft war, dem Verkäufer zurückerstattet wurde, damit er selbst ihn für einen niedrigeren Preis erwerben konnte …

Er hatte es besonders auf Giuseppe abgesehen, denn

der war eine Zeitlang Sekretär der sozialistischen Ortsgruppe gewesen. Giacomo dagegen hatte sich nie mit Politik beschäftigt.

Seit unvordenklichen Zeiten wurde ein kleiner Wasserlauf von den Bauern genutzt, um ihre Gärten zu bewässern, und sie folgten dabei Uhrzeiten und Regeln, die von allen respektiert wurden. Doch eines bösen Tages kam das Wasser nicht mehr auf dem Feld der Brüder an.

Giuseppe wollte den Grund wissen und fand heraus, dass Anselmo stromaufwärts eine Art Schleuse in das Bächlein hatte bauen lassen, zu der nur er den Schlüssel besaß. Also musste, wer Wasser wollte, ihm eine gewisse Summe zahlen, damit die Schleuse geöffnet wurde.

Das war ein eindeutiger Verstoß gegen das Gesetz, das Wasser gehörte allen, doch Giuseppe war der Einzige, der Beschwerde beim Podestà einlegte, wie die Bürgermeister während des Faschismus genannt wurden. Der Bürgermeister, der seine Ernennung niemand anderem als Anselmo verdankte, riet Giuseppe, den Mund zu halten und die Sache hinzunehmen.

Doch Giuseppe war keineswegs bereit nachzugeben. Und so ging er eines Morgens mit seinem jüngeren Bruder zu Anselmo, um ihn zur Vernunft zu bringen.

Schon bald artete die Diskussion zwischen den beiden in einen Streit aus, beobachtet von einigen Bauern, die nicht wagten einzugreifen. Dann zog Anselmo plötzlich ein Klappmesser hervor und stach mehrmals auf Giuseppe ein, bis der tödlich getroffen zusammenbrach.

Giacomo, der seinem Bruder zu Hilfe eilen wollte, wurde festgehalten und von zwei Untergebenen Anselmos brutal zusammengeschlagen.

Beim Prozess verkehrte der Anwalt des Mörders die Wahrheit in ihr Gegenteil. Er behauptete, Anselmo habe in Notwehr gehandelt, denn Giuseppe habe ihn mit einer Sense angegriffen. Die Bauern und Untergebenen Anselmos, die als Zeugen am Prozess teilnahmen, bestätigten übereinstimmend die Version des Anwalts. Giuseppe wurde nicht einmal angehört. Anselmo kam frei.

Drei Tage später ging Giacomo mit seinem Maulesel ins Dorf, aber das Tier trug keinen Korb mit Obst und Gemüse wie sonst. Giacomo tat etwas Ungewöhnliches. Er stieg ab und ging zu der kleinen Trockenmauer, die Ninettas Feld umgab.

Das Mädchen ließ die Hacke fallen und kam auf ihn zu.

Wie damals an der Kirchentür sprachen sie mit den Augen zueinander.

Dann stieg Giacomo wieder in den Sattel. Auf der Piazza des Dorfes angekommen, band er das Maultier an einen Baum und ging langsam auf die im Freien stehenden Tische des größten Cafés am Ort zu. An einem der Tische saß, wie es seine Gewohnheit war, Anselmo mit zwei oder drei Genossen. Giacomo zog einen Revolver und feuerte das gesamte Magazin auf ihn ab.

Beim Prozess erklärte der Staatsanwalt die Tat zu einem Staatsverbrechen und forderte die Todesstrafe. Die Geschworenen folgten seinem Antrag nicht, Giacomo wurde zu einer Zuchthausstrafe verurteilt.

Noch am selben Tag, an dem Anselmo getötet wurde, übernahm Ninetta die Pflege von Giacomos Mutter, fand einen zuverlässigen Helfer, der sich um den Hof kümmerte, und arbeitete von früh bis spät auf ihrem eigenen und auf Giacomos Feldern. Sie schuftete, bis ihr Rücken krumm wurde, legte aber den Teil der Ernte, der Giacomo zustand, sorgfältig beiseite. Nie hörte man sie klagen.

Sie lehnte alle Bewerber ab. Auch als sie allein zurückblieb, weil im Lauf der Zeit ihre Eltern und Giacomos Mutter gestorben waren, lehnte sie weiterhin jeden Heiratsantrag ab.

Der Krieg kam, der Faschismus wurde besiegt, die Zeit verging.

1959, Ninetta war inzwischen eine alte Frau, und Giacomo hatte fünfunddreißig Jahre im Gefängnis verbracht, begann ein junger Anwalt im Ort, sich für Giacomos Begnadigung einzusetzen. Seine Kampagne hatte Erfolg. Zwei Jahre später, 1961, wurde Giacomo auf freien Fuß gesetzt.

Vor dem Tor des Gefängnisses fand er Ninetta, die auf ihn wartete.

Sie lächelten sich an.

Im darauffolgenden Jahr konnten Ninetta und Giacomo endlich heiraten.

Das ist alles.

Nunzia

Der Halbpächter meines Großvaters hatte zwei Kinder, einen Jungen, Gerlando, den aber alle Giugiù nannten, und ein Mädchen, Assunta, für alle Sunta.

Als ich ungefähr zehn Jahre alt war – es war die Zeit, in der ich in den Sommerferien bei den Großeltern auf dem Land wohnte –, heiratete Giugiù, bevor er als Marinesoldat an Bord eines Torpedoschiffs in den Äthiopienkrieg aufbrach, eine entfernte Verwandte mit Namen Nunzia.

Nachdem ihr Mann weggegangen war, zog Nunzia zu ihren Schwiegereltern in das Häuschen, das Großvater dem Halbpächter überlassen hatte.

Ich sah sie zum ersten Mal, als sie kam, um sich meinen Großeltern vorzustellen, und ich dachte, sie müsse eine Abessinierin sein, so dunkel war ihre Haut. Aber es war die Sonne, die sie so braun gebrannt hatte, das begriff ich ein wenig später, als ich ihr Freund wurde und ihre Gewohnheiten kennenlernte. Sie war um die zwanzig, von kräftigem Körperbau, die Haare zum Knoten gebunden, die Beine ein bisschen dick, volle Lippen, und das Sommerkleidchen spannte sich eng um ihren Körper.

Ich konnte damals stundenlang beim höchsten Stand der Sonne über die Felder streifen, eine kleine Ziege hinter mir herziehend, die ich Beba getauft hatte.

Eines Tages, als die Sonne besonders unbarmherzig brannte, gab Beba mir zu verstehen, dass sie dringend trinken müsse. Ich führte sie zum Wasserbecken, einer halb unter der Erde liegenden, sehr großen, kreisrunden Wanne aus Zement, in der das Wasser für die Zitrusfruchtplantagen gesammelt wurde. Rings um das Becken wuchs ein dichter Schilfwald. Als ich von dort her ein Keuchen hörte, blieb ich stehen und schob das Schilfrohr beiseite, um zu sehen, was da vor sich ging.

Am Rand des Beckens lag Nunzia, nackt, und über ihr war Saro, der Wächter der Plantagen, doch was er mit ihr machte, konnte ich nicht verstehen.

Ich beschloss, nicht zu stören, und machte einen langen Rundgang, bevor ich zum Becken zurückkehrte. Saro war nicht mehr da, Nunzia aber war ins Wasser gestiegen, das ihr bis zum Hals reichte. Sie forderte mich auf, mich auszuziehen und zu ihr zu kommen, doch ich schämte mich. Als ich am nächsten Tag durch den Olivenhain ging, hörte ich meinen Namen rufen. Ich blickte mich um, niemand war zu sehen. Dann ertönte ein Lachen über meinem Kopf. Ich blickte nach oben. Nunzia saß auf dem Ast eines jahrhundertealten Olivenbaums. Sie trug ein Stück Stoff um die Brust und eins zwischen den Beinen.

«Komm rauf.»

Ich ließ Beba laufen, kletterte hinauf. Als ich neben ihr saß, fragte ich sie, warum sie auf den Baum geklettert war.

«Einfach so.»

Aber sie aß dort oben die kleinen Eier aus einem Nest, ich weiß nicht, von welchem Vogel. Ich fragte sie, was Saro am Tag zuvor mit ihr gemacht habe. Sie lachte. Sie hatte Zähne wie ein fleischfressendes Raubtier.

«Was Schönes hat er mit mir gemacht, was ich sehr gern mag. Und wenn die Männer mir das tun wollen, lass ich sie machen. Aber du darfst keinem was davon sagen.»

Ich sagte es niemandem und wurde ihr Komplize.

Vom Wasserbecken aus führte eine Art Tunnel bis zur Quelle. Als ich mich einmal dort aufhielt, kam sie mit einem Bauern an, der manchmal bei uns arbeitete, und schlüpfte mit ihm in den Tunnel. Vorher ermahnte sie mich: «Wenn sie mich suchen kommen, sagst du, du hast mich nicht gesehen.»

Nach einer halben Stunde kam der Bauer heraus und ging fort, ohne mich eines Blickes zu würdigen. Kurze Zeit später kam Nunzia aus dem Tunnel. Ihre Augen glänzten, sie lächelte zufrieden, ihre Brust hob sich unter ihrem schweren Atem. Sie erschien mir sehr viel schöner, und ich sagte es ihr.

«Es ist gut für mich», sagte sie, als sie sich neben mich setzte.

Plötzlich sah ich sie etwas Unglaubliches tun. Ihr Körper spannte sich an, sie blickte starr auf den Schilfwald. Dann schoss sie los wie ein Pfeil, flog durch die Luft, landete auf dem Bauch. Als sie aufstand, hielt sie eine lange Schlange in der rechten Hand, eine grüne Natter, die ungefährlich war, wie ich wusste. Die Schlange hatte sich um ihren Arm gerollt.

Nunzia steckte die linke Hand in die Tasche ihres Kleides, holte das Messer heraus, das sie immer bei sich trug, öffnete es mit den Zähnen und schnitt der Schlange den Kopf ab. Dann setzte sie sich wieder neben mich, schnitt die Schlange in Stücke und reichte mir ein Stück. Ich schüttelte mich angewidert. Sie steckte es sich in den

Mund und murmelte kauend: «Wenn du wüsstest, wie gut die schmeckt!»

Danach sah ich sie nicht mehr. Ich fragte Großmutter nach ihr, sie sagte, Nunzia sei krank geworden. Ich gab der Schlange, die sie gegessen hatte, die Schuld. Doch eines Morgens hörte ich, wie Großvater mit seinem Sohn Massimo, der etwa zehn Tage weg gewesen war, über Nunzia sprach.

Dem Halbpächter war zu Ohren gekommen, dass seine Schwiegertochter sich oft und gern mit Saro traf, er hatte sie im Auge behalten und schließlich auf frischer Tat ertappt. Er hatte Großvater gebeten, Saro zu entlassen, und nun war Nunzia in einem Zimmerchen im Erdgeschoss eingesperrt.

«Eine Hündin ist sie, und wie eine Hündin muss sie behandelt werden», hatte der Halbpächter gesagt.

Ich wusste, welches Zimmer das war, und beschloss, Nunzia zu besuchen, als im Haus des Halbpächters einmal niemand da war. Der Raum hatte ein kleines vergittertes Fenster. Ich schichtete Steine zu einem Haufen und stellte mich darauf, so reichte ich bis zum Fenster. Die Fensterflügel waren angelehnt, ich konnte nicht hineinsehen. Also rief ich ihren Namen. Sie antwortete sofort.

«Ah, du bist das? Ich kann dir nicht aufmachen.»

«Warum nicht?»

«Weil ich angebunden bin.»

Ich steckte eine Hand zwischen die Gitterstäbe und stieß das Fenster auf. Nunzia stand mitten im Zimmer, doch sie konnte keinen Schritt tun. Sie hatte ein Halsband um, an dem eine kurze Kette hing, deren letztes Glied in einem dicken hufeisenförmigen Nagel in der Wand steckte.

Sie lächelte mich an. Es kam mir nicht so vor, als würde sie leiden. Doch ich hielt den Anblick nicht aus und rannte weinend weg. Dann fing die Schule wieder an. Die Weihnachtsferien kamen. Meine Großeltern waren in die Stadt zurückgekehrt. Ich wollte Nunzia sehen, und so rannte ich am Morgen des Dreikönigsfestes, als der Halbpächter mit Frau und Tochter zu Besuch gekommen war, so schnell ich konnte auf das Landgut der Großeltern und hielt erst vor Nunzias Zimmerchen an. Ich rief nach ihr. Keine Antwort. Da begann ich, kreuz und quer über das Gut zu laufen und dabei ihren Namen zu rufen. Plötzlich hörte ich eine Antwort.

«Hier bin ich.»

Sie war im Weinberg, wo die Erde frisch gepflügt war. Gerade war sie damit fertig geworden, mit den Händen ein großes Loch in die Erde zu graben. Sie hatte einen gewaltigen Bauch.

«Was ist los mit dir?»

«Es kommt mir raus.»

Ich wollte gehen. Sie hielt mich zurück, indem sie meine Hand ergriff. Dann hockte sie sich über das Loch. Ich blickte starr zur anderen Seite, das Herz klopfte mir bis zum Hals. Ich wusste, was geschah, ich hatte die Zicklein von Beba zur Welt kommen sehen. Bald begann Nunzia zu stöhnen, stieß erstickte Schreie aus. Sie umklammerte meine Hand fest, verdrehte sie so, dass es weh tat.

Aber ich war stolz, ich fühlte mich zum Mann werden.

Dann hörte ich das Kind weinen.

Erst da wandte ich mich um und sah hin.

«Ein Junge», sagte Nunzia. «Ich geb ihm deinen Namen.»

Wie sie wirklich hieß, habe ich nie erfahren, aber diesen Namen gab ich ihr insgeheim sofort, als sie an einem Morgen Mitte Juli 1943 im ersten Tageslicht vor mir auftauchte.

Seit drei Tagen schon versuchte ich, vom Flottenstützpunkt Augusta in Sizilien nach Serradifalco zu kommen, einem Städtchen im Landesinnern. Ein Teil meiner Familie war dorthin geflüchtet, um den Luftangriffen der Alliierten zu entgehen, die meinen Heimatort an der Südküste Tag und Nacht heimsuchten.

Am ersten Juli war ich eingezogen worden. Uniformen gab es nicht, ich behielt meine Zivilkleidung an, kurze Hose, Hemd und Sandalen. Man gab mir nur eine Binde, die ich um den linken Arm tragen sollte, darauf stand CREM, was Corpo Reale Equipaggi Marittimi bedeutete. Doch ich war dazu ausersehen, ein «Matrose an Land» zu sein, es gab keine Schiffe, auf denen ich hätte dienen können. Also wurde ich zusammen mit anderen unechten Matrosen dafür eingesetzt, Trümmer wegzuschaufeln und Leichen herauszuziehen. Meine Ausrüstung bestand aus einer Schaufel und einer Feldflasche mit Wasser, die nach wenigen Stunden Arbeit leer getrunken war.

Wir schliefen in einer Art Unterschlupf in doppelstöckigen Betten. Abends warfen wir uns völlig zerschlagen auf diese Lagerstätten, ohne uns die Schuhe auszuziehen, und sanken in einen todesähnlichen Schlaf.

Am 10. Juli weckte mich um vier Uhr morgens ein Kamerad und berichtete mir, dass die Alliierten gerade zwischen Gela und Licata landeten. Sofort war ich hellwach. Ich stand auf, packte die wenigen Sachen zum Wechseln, die ich besaß, in ein Bündel, nahm die Feldflasche und verließ den Unterschlupf. Draußen riss ich mir die Binde ab, warf sie hinter ein Gebüsch und bat den Fahrer eines italienischen Militärlastwagens, der nach Messina fuhr, mich mitzunehmen. Währenddessen bebte Augusta unter massiven Bombenangriffen aus der Luft und von See.

So begann eine infernalische Reise, denn wie zu erwarten war, konnte der Lastwagen kurz hinter Catania, von einer Splitterbombe getroffen, nicht mehr weiterfahren. Ich setzte meinen Weg mal im Beiwagen eines Motorrads, mal zu Fuß, mal im Auto fort, immer begleitet von der dröhnenden Tonspur der Flugzeuge, die auf alles schossen, was sich bewegte.

Als ich – noch heute weiß ich nicht, wie – die ersten Häuser von Palermo erreichte, war es schon Abend. Mitten auf einem kleinen Platz sah ich einen Lastwagen unseres Heeres stehen, unweit einer Kaserne, die leer schien, obwohl der bewaffnete Wachtposten im Schilderhaus vom Gegenteil zeugte.

Auf dem Fahrersitz saß ein Soldat, ein Gefreiter.

Ich kam näher, fragte ihn, ob er zufällig bald abfahren werde und mich ins Landesinnere mitnehmen könne. Der Soldat war Bologneser, ein freundlicher Mann um die vierzig. Ja, sagte er, am nächsten Morgen müsse er bei

Tagesanbruch eine Einheit nach San Cataldo bringen. In meinem Herzen brach ein stürmisches Festgeläut los. Von San Cataldo nach Serradifalco waren es nur wenige Kilometer, die Strecke würde ich zu Fuß schaffen. Dann sagte er, er werde jetzt gehen, um die Nacht im Haus von Freunden zu verbringen, und wenn ich wollte, könne ich im Fahrerhaus des Lastwagens schlafen. Man kann nicht unbedingt behaupten, dass in jenen Tagen Ordnung und Disziplin herrschten. Im Gegenteil, sehr viele Sizilianer waren, wie ich, desertiert.

Am Morgen hatte ich von einem Bauern eine Handvoll trockener Bohnen und Johannisbrotschoten erbetteln können. Ich hatte den Proviant rationiert, und nachdem ich jetzt meine abendliche Portion gegessen und einen Schluck Wasser getrunken hatte, machte ich mich zum Schlafen bereit. Das Tor der Kaserne war verschlossen, der Wachtposten verschwunden. Nur einmal sah ich einen Menschen, einen hinkenden Alten, den kleinen Platz überqueren. Das Fahrerhaus war mir, als ich hineinstieg, einladend und friedlich erschienen, und da ich es ganz für mich allein hatte, war es wie ein Zimmer in einem Luxushotel. Es war allerdings sehr heiß dort drinnen, obwohl die Fenster heruntergelassen waren.

Der Bombenangriff weckte mich, vor Schrecken war ich sofort hellwach. Über dem Platz lag das violette Licht des ersten Morgengrauens. Die Flugzeuge schienen sehr tief zu fliegen, ich hörte ihr Brummen trotz des ohrenbetäubenden Lärms der Flakartillerie. Die Bomben fielen sehr nah, zwei oder drei brachten den Lastwagen heftig zum Beben. Ich sah Flammen hinter den Häusern am Platz auflodern. Vor Angst konnte ich mich nicht bewegen, doch selbst wenn ich gewollt hätte, wohin hätte ich flüchten sollen?

Dann sah ich gar nichts mehr, eine Art weißer Nebel hatte sich erhoben, der alles einhüllte, auch die Scheiben sahen aus wie beschlagen, aber sie waren es nicht. Wenige Sekunden später war alles vorbei. Ich hörte die Sirenen von Krankenwagen, Autohupen. Keine menschliche Stimme. Das Tor der Kaserne blieb geschlossen.

Plötzlich erhob sich die morgendliche Brise und lüftete die weiße Decke ein wenig.

Da sah ich aus einer Straße zu meiner Linken etwas auf den Lastwagen zukommen, in dem ich saß, eine Silhouette, die ich nicht richtig zu deuten vermochte, ein Stück Stoff, weißer als der Nebel, der es umgab, ein Bettlaken, das im Wind aufflatterte, oder ein mit einem langen Hemd bekleidetes menschliches Wesen. Ich beugte mich aus dem Wagenfenster, um genauer hinzusehen, meine kurzsichtigen Augen so gut wie möglich schärfend. Unterdessen war die undeutliche Gestalt näher gekommen, und plötzlich, als hätte sie sich mit einem Ruck vom letzten Nebelstreif befreit, der sie noch verbarg, tauchte sie vollständig auf. Ein Schauer lief mir über den Rücken. Es war eine sehr junge Frau, barfuß, im Nachthemd, sie neigte den Kopf vor, um auf ein Bündel zu blicken, das sie in den Armen trug. Gewiss ein Neugeborenes. Sie war eben auf dem Platz angelangt, da kam ein Auto mit hoher Geschwindigkeit angefahren, streifte sie und fuhr weiter. Mir wurde sofort klar, dass sie das Auto gar nicht bemerkt hatte, denn sie hatte mit keiner Bewegung reagiert. War sie vielleicht blind? Doch auch ein Blinder, der fühlt, wie der Tod ihn streift, hätte …

Ich sprang aus dem Wagen, lief ihr entgegen. Als ich vor ihr stand und den Mund öffnete, um etwas zu sagen, fielen mir zwei Dinge auf. Sie sah mich nicht, obwohl sie nicht blind war. Und sie sang mit leiser Stimme ein Schlaflied für die Stoffpuppe, die sie liebevoll im Arm hielt.

E dalaloo …
E dalaleddra …
Lu lupu si mangiò
la picoreddra …

«Wie heißt du?»

Wahrscheinlich hatte sie die Frage nicht einmal gehört. Sie stand reglos da, weil sie erkannt hatte, dass ich ein Hindernis für sie darstellte; wenn ich ihr ausgewichen wäre, hätte sie ihren Weg fortgesetzt wie ein Roboter. Also trat ich zwei Schritte beiseite, und sie ging weiter. So konnte ich sie bis zum Lastwagen lenken, dann zwang ich sie, ins Fahrerhaus zu steigen, indem ich sie an den Schultern hineinschob. Als wir drinnen saßen, drehte ich den Verschluss der Feldflasche ab und reichte sie ihr. Sie rührte sich nicht. Ich hielt ihr die Flasche an die Lippen, sie trank ein paar Schlucke.

«Fühlst du dich besser?»

Sie antwortete mir nicht, drückte die Puppe an ihre Brust und fing wieder an zu singen. Ich wusste nicht, was ich tun sollte. Sie war ein schönes Mädchen, höchstens siebzehn Jahre alt, und es machte mich verlegen, sie anzuschauen, denn unter dem Nachthemd trug sie nichts. Ich fürchtete und wünschte gleichzeitig, der Bologneser Fahrer des Wagens würde jetzt kommen. Ich vermutete, dass das Mädchen durch die Bombardierung ihrer Wohnung einen Schock erlitten hatte. Man müsste sie mit einer gewaltsamen Aktion erschrecken, dachte ich, vielleicht hilft ihr das, wieder zu sich zu kommen. Ohne Vorwarnung riss ich ihr die Puppe aus den Armen und warf sie ihr zu Füßen. Sie hatte nicht einmal Zeit, sich zu wehren, doch sie brach sofort in ein kindliches, herzzerreißendes Weinen aus. Dicke Tränen rollten ihr über die Wangen, Schluchzer ließen ihre Schultern erbeben, sie zog die Nase hoch, ein bisschen Schleim blieb an ihrer Lippe hängen, doch ihre Hände lagen reglos auf ihrem Schoß. Sie bückte sich nicht, um die Puppe aufzuheben, vielleicht sah sie sie nicht. Mich überkam ein unerträgliches Mitleid.

«Nicht weinen, ich gebe dir deine Puppe ja zurück!», schrie ich.

Ich beugte mich vor, um die Puppe aufzuheben. Kaum war mein Kopf auf der Höhe ihrer Brust, nahm sie ihn flugs zwischen ihre Hände, drückte ihn an ihren Busen und fing an, mich zu wiegen, wozu sie wieder das Schlaflied summte.

Ich schloss die Augen und überließ mich dem Singsang. Dieses Lied hatte meine Mutter mir so oft beim Zubettgehen gesungen … Ein paar Minuten lang vollbrachte Ophelia das Wunder. Es gab keinen Krieg, keinen Tod und keine Zerstörung mehr. Eine tiefe Stille, ein großer Frieden bereitete sich aus, in dem sich Ängste und Mühen, Gräuel und Sorgen langsam auflösten … Ich merkte, dass ich mich einem befreienden Weinen hingab.

«Was ist hier los?», fragte der Bologneser.

Bevor ich ihm antwortete, holte ich die Puppe vom Boden, drückte sie Ophelia in die Arme. Dann stieg ich aus dem Fahrerhaus und erzählte ihm alles.

Der Bologneser zögerte keinen Augenblick.

«Ein paar Schritte von hier gibt es ein Nonnenkloster. Beeilen wir uns.»

Doch Ophelia wollte nicht mehr aussteigen. Auf mein Drängen sagte sie plötzlich entschlossen: «Du.»

Und streckte eine Hand aus. Ich ergriff sie, Ophelia umklammerte meine Hand, und so konnte ich sie aus dem Fahrerhaus holen. Wir gingen los. Mit einer Hand hielt sie meine, mit der anderen drückte sie die Puppe an sich. Der Bologneser klingelte an der Pforte des Klosters. Zwei Ordensschwestern öffneten uns. Ich erklärte der Älteren, was geschehen war.

«Wir kümmern uns um sie.»

Doch Ophelia wollte meine Hand nicht loslassen. Es war die Schwester, die sie überzeugte, indem sie ihr irgendetwas ins Ohr flüsterte. Als sie, begleitet von der alten Nonne, durch einen langen Flur davonging, folgte ich ihr mit Blicken. Bevor sie um die Ecke bog, blieb sie stehen, drehte sich um und sah mich an. Mir war, als hätte sie mir zugelächelt.

Als der Bologneser und ich auf den Platz zurückkamen, war die Einheit schon da, bereit zur Abfahrt.

Oriana

Wie sie wirklich hieß, weiß ich nicht, Oriana war der Künstlername, den sie sich zugelegt hatte, um ihr Gewerbe in Freudenhäusern auszuüben.

Es war Brauch, dass die Mädchen alle vierzehn Tage von einem Bordell Italiens ins andere verlegt wurden. Das war die sogenannte «Zweiwochenfrist», die den Stammkunden gestattete, zweimal im Monat neue, andere Körper zu genießen.

In der zweiten Junihälfte 1943 kam Oriana zusammen mit fünf Kolleginnen im Bordell meiner Heimatstadt an, der Pension Eva.

Es war der erste Tag der neuen Zweiwochenfrist, und es herrschte großes Gedränge. Bevor die Mädchen sich öffentlich zeigten, erklärte die «Signora», vulgo die Puffmutter, den zahlreich erschienenen Kunden, dass alle, die mit dem neuen Mädchen Oriana hinaufgehen würden, gewisse Regeln einzuhalten hätten.

Diese Regeln schrieben vor, dass Oriana eine Viertelstunde machte, und eine halbe nur dann, wenn der Kunde ihr gefiel, aber auf gar keinen Fall länger; außerdem hatte es absolut keinen Zweck, von ihr besondere Dienste zu verlangen, denn die Bitte würde abgeschlagen werden.

Die Signora legte Wert auf die Feststellung, dass ihr diese Regeln, die de facto eine Minderung der Einkünfte für ihr Haus bedeuteten, von den Behörden aufgezwungen worden waren. Von welchen Behörden, erklärte sie nicht genauer.

Natürlich erhob sich sofort ein missbilligendes Gemurmel, doch dann kamen die neuen Mädchen in den Raum, und als man Orianas ansichtig wurde, wurde es vollkommen still. Während die anderen die üblichen, halboffenen Morgenröcke trugen, die ihre nackten Körper erkennen ließen, war Oriana mit Rock und Bluse bekleidet und bewegte sich, ohne zu lächeln und mit dem distanzierten Gebaren einer Fremden, die es zufällig dorthin verschlagen hatte. Sie war eine sehr schöne Frau in den Dreißigern, gepflegt, groß, die Haare mit kupfernen Reflexen fielen ihr bis auf die Schultern.

Statt die Reihe der Kunden abzuschreiten und sie mit Scherzen zu unterhalten, wie man es gewohnt war, ging sie gezielt auf einen Stuhl zu, setzte sich und blickte mit einer gleichgültigen Miene umher, die wahrhaftig nicht einladend wirkte.

Es war Totò Farruggia, ein neunzehrjähriger Gymnasiast, mehrmals sitzengeblieben, der ihr erster Kunde wurde. Er erklärte einem Freund, dass diese Frau seiner Mathematiklehrerin, die ihn nicht versetzt hatte, sehr ähnlich sehe, darum würde es jetzt für ihn sein, als rächte er sich.

Als er wieder herunterkam, fragten ihn viele: «Wie ist sie?»

«Phantastisch.»

An dem Abend hatte Oriana einen Bombenerfolg, sie hatte keinen Moment Pause.

Doch am nächsten Tag gab es einen Zwischenfall. Eine Gruppe aus sechs faschistischen Parteifunktionären, angeführt vom stellvertretenden Federale von Agrigent, Pasquinotto, fiel in das Bordell ein, ließ sämtliche Kunden hinauswerfen und trat an deren Stelle. Die Faschisten vereinbarten mit der Signora, dass sie die Mädchen in Beschlag nehmen würden, bis das Bordell schloss, auf jeden Fall aber die Summe zahlen würden, die den Einnahmen eines normalen Abends entsprach.

Pasquinotto suchte sich Oriana aus und wollte alle vier Stunden, die zur Verfügung standen, mit ihr verbringen.

Oriana lehnte kategorisch ab. Allerhöchstens und in Anbetracht der Tatsache, dass es sich um einen stellvertretenden Federale handelte, könne sie eine halbe Stunde gewähren.

Pasquinotto wurde wütend und ging sich bei der Signora beschweren, die Oriana beiseitenahm und so lange mit Engelszungen auf sie einredete, bis Oriana sich für dieses eine Mal beugte.

Eine knappe Stunde später kam Oriana schreiend aus ihrem Zimmer gelaufen und stürzte hinunter zur Signora. Diese ging hinauf, betrat das Zimmer des Mädchens und fing ebenfalls an zu schreien. Die fünf Parteiführer unterbrachen ihre Beschäftigung und liefen nackt herbei.

Pasquinotto lag quer über dem Bett, der Mund verzerrt, die Zunge hing heraus, die Augen quollen aus den Höhlen. Urplötzlich dahingerafft.

«Ein tödlicher Herzinfarkt», erklärte Dottore Sciacchitano, der in aller Heimlichkeit geholt worden war.

Die Parteifunktionäre kleideten den Toten so gut es ging wieder an, luden ihn ins Auto, nahmen den Mädchen das Versprechen auf strengstes Stillschweigen ab und kehrten nach Agrigent zurück.

Doch was geschehen war, erfuhr man trotzdem.

Und sofort machte eine Legende die Runde, nämlich, dass ein gewöhnlicher Sterblicher Orianas Liebeskünste nur eine begrenzte Zeit lang ertragen könne, eben zwischen einer viertel und einer halben Stunde. Alles darüber hinaus bedeute Todesgefahr.

«Ihr Arbeitswerkzeug ist wie die Faust von Primo Carnera», erklärte Professor Santino. «Einem oder zwei Schlägen des Boxers kann man noch standhalten, aber fünf bringen einen um.»

Drei Abende später erschien ein Oberleutnant der Luftwaffe, ein Kriegsheld mit silberner Tapferkeitsmedaille, der dem Tod schon mehrmals ins Auge geblickt hatte. Er wollte ihn auch diesmal herausfordern, denn er gedachte, eine ganze Stunde mit Oriana zu verbringen. Diese ließ sich lange bitten, willigte aber schließlich ein.

Der Oberleutnant stieg die Treppe hinauf, einen Arm um die Taille des Mädchens gelegt, den anderen hoch erhoben, als Antwort auf die guten Wünsche und Anfeuerungen der anderen Kunden.

Eine Stunde und fünf Minuten später stieg er die Treppe unversehrt wieder hinab, lächelnd, unter dem tosenden Applaus der Anwesenden.

Damit war die Theorie von Professor Santino schlagend widerlegt.

Klarer Fall, der stellvertretende Federale Pasquinotto war gestorben, weil er ein Schlappschwanz war, wie alle Faschisten, nicht aber wegen der Kraft von, nennen wir es Orianas Faust.

Diese neue Theorie kam dem Federale zu Ohren. Welcher drei Abende später einen seiner Untergebenen zur Signora schickte. Der Befehl des Federale lautete, das Bordell binnen einer halben Stunde von allen Kunden zu räumen. Darauf erschien er selbst in Uniform, reckte vor der Signora den Arm zum römischen Gruß und erklärte stolz: «Ich bin gekommen, um die Ehre der Faschisten wiederherzustellen.»

In seiner Begleitung waren drei ihm blind ergebene Schwarzhemden. Nun war der Federale zwar bereit, etwas zu riskieren, aber doch nur bis zu einem bestimmten Punkt. Darum verlangte er nur eine halbe Stunde mit Oriana, und sie, von der Signora entsprechend instruiert, machte keine Zicken.

Fünfunddreißig Minuten später kam der Federale mit einem triumphierenden Lächeln aus Orianas Zimmer und zeigte sich auf dem Treppenabsatz seinen Getreuen, die augenblicklich aufsprangen und Haltung annahmen.

«Mission erfüllt. Genossen, dem Duce einen Gruß!»

«Hoch lebe der Duce!»

Der Federale stieg die erste der zehn Stufen hinunter, die in den Saal führten, dann schwankte er plötzlich, fasste sich an die Brust, sank in sich zusammen und rollte sämtliche Stufen hinunter, um reglos am Fuß der Treppe liegen zu bleiben.

Dank Dottore Sciacchitano kam er wieder zu Bewusstsein, doch der Arzt ordnete an, ihn in größter Eile ins Krankenhaus zu bringen.

Als die Sache bekannt wurde, verloren die örtlichen Faschisten endgültig das Gesicht.

Darauf begab sich der über sechzigjährige Professor

Santino zum ersten Mal in seinem Leben ins Bordell und bat Oriana, ihm eine Viertelstunde zu gewähren.

Er hatte Erfolg, doch in dieser Viertelstunde wurde nichts vollzogen, er begnügte sich damit, das Mädchen auszufragen.

So erfuhr er, dass Oriana, die aus Bologna stammte, von ihrem achtzehnten Lebensjahr an Fabrikarbeiterin gewesen war. Dann hatte man sie entlassen, weil sie die Tochter eines Eisenbahners war, der zwanzig Jahre zuvor seinerseits als bekennender Sozialist entlassen und unter der Anschuldigung, gegen die Partei zu intrigieren, ins Gefängnis gekommen war.

Orianas Arbeit war die einzige Einkommensquelle der Familie gewesen, weil ihre Mutter, eine Grundschullehrerin, ihre Stelle verloren hatte, als sie sich weigerte, in die Partei einzutreten.

Um sich und ihre Eltern zu ernähren, hatte Oriana sich gezwungen gesehen, das Leben zu führen, das sie jetzt führte. Doch schon bald war die Politische Polizei eingeschritten, man fürchtete, dass Oriana bei ihrer Tätigkeit sozialistische Ideen verbreiten könnte. Also wurden ihr länger andauernde Kontakte mit den Kunden verboten, es durfte höchstens eine Viertelstunde sein.

«Es ist der abgrundtiefe Hass, den sie gegen die faschistische Obrigkeit hegt, der konzentriert sich bei ihr an ihrer intimsten Stelle und vernichtet faschistische Freier», erklärte der Professor den Mitgliedern im Verein. «Darum hatte er auf den Oberleutnant, einen Soldaten, ja auch keinerlei Wirkung.»

Von dem Tag an mieden die Faschisten das Bordell. Hinzugehen bedeutete, sich als Antifaschist zu bekennen.

Nach Ablauf der Zweiwochenfrist konnte kein Wechsel der Mädchen stattfinden, denn das Reisen war unter den Luftangriffen und dem Maschinengewehrfeuer der Alliierten unmöglich geworden. Das Bordell wurde geschlossen. Die Mädchen strömten in alle Himmelsrichtungen.

In Anerkennung ihrer Verdienste wurde Oriana von dem Anwalt Guarnaccia als Hausmädchen angestellt. Der einstige sozialistische Abgeordnete hatte für seine Ideen ebenfalls im Gefängnis gesessen.

Als drei Wochen später die Amerikaner vor den Stadttoren ankamen, sah man zwischen den Mitgliedern des antifaschistischen Komitees, das sie empfing, auch Oriana. Sie war in Tränen aufgelöst und hielt eine rote Fahne in der Hand.

Pucci

In Wirklichkeit hieß sie Eriberta, und um ihren Nachnamen mit allem Drum und Dran vollständig auszuschreiben, hätte ein ganzes Blatt Papier nicht gereicht. Die Marchesa lieblicher Landstriche, Contessa heiterer Weiler und Baronessa abgelegener Ortschaften war eine Adelige, wie man adeliger nicht sein kann Das edle Geschlecht, von dem sie abstammte, brauchte ohnehin keine Visitenkarte; dass hundertprozentig blaues Blut in ihren Adern floss, war an ihrem Verhalten zu erkennen. Nicht, dass sie hochmütig gewesen wäre, im Gegenteil, doch ihre natürliche Grazie, die angeborene Eleganz ihrer Bewegungen, ihres Umgangs mit anderen, ihrer Bereitwilligkeit, sich ein schlichtes Gespräch zu gestatten, kennzeichneten sogar gegen ihren Willen eine grundsätzliche Andersartigkeit, eine sichtbare und gleichzeitig unsichtbare Grenze.

Ich lernte sie in Mailand durch einen befreundeten Regisseur kennen. Denn die Welt, in der sie geboren war, mied Pucci nach Kräften, sie verkehrte dort nur so oft wie unbedingt nötig, also wenn Geburten, Hochzeiten und Todesfälle anstanden. Den Rest ihrer Zeit verbrachte sie mit «Künstlern», und wenn sie dieses Wort aussprach, hörte man förmlich die Anführungsstriche.

Es dauerte nicht lang, bis mir zwei Dinge klarwurden.

Erstens reichte der Begriff Künstler für sie von Malern bis zu Jahrmarktartisten, von Musikern bis zu dilettantischen Karikaturisten von Madonnen, von Schauspielern bis zu den Straßenmusikanten, die mit Gitarre und Mandoline vor Restaurants aufspielen. Sie machte da keine Unterschiede. Ein drittklassiger Zirkusclown und Picasso lagen für sie auf derselben Ebene. Sie zeigte die gleiche hingerissene Begeisterung vor der Mona Lisa wie vor dem Ölschinken eines Sonntagsmalers. Zweitens hatte sie sich, obwohl sie exklusive Internate in der Schweiz und England besucht hatte, eine erstaunliche Unwissenheit bewahrt.

Sie brachte es fertig, Somalia in Südamerika zu verorten, Garibaldi mit Mussolini zu verwechseln und zu behaupten, Marconi hätte den Kühlschrank erfunden oder Amerika sei von Cavour entdeckt worden.

Doch diese Ungeheuerlichkeiten sagte sie mit einer solchen Nonchalance, mit einer solch verführerischen Unbefangenheit, dass niemand ihr zu widersprechen wagte.

Ging sie ins Kino, musste, wer sie begleitete, ihr mit Engelsgeduld den Film erklären. Sie verstand den Schnitt nicht, Überblendungen versetzten sie in heillose Verwirrung.

Doch dumm war sie keineswegs. Gelegentlich überraschte sie uns alle mit einer witzigen und scharfsinnigen Bemerkung.

In ihrer Gegenwart vermieden wir, uns gehenzulassen, sogar in den hitzigsten Streitgesprächen benutzten wir kein einziges Wort, das nicht den strengsten Maßstäben des Anstands genügte. Sie hatte uns nicht ausdrücklich darum gebeten, für uns war das ganz natürlich, wir hielten es für eine Rücksichtnahme, die ihr zustand.

Meistens trug sie Kleider, die ihre Körperformen verbargen. Sie war groß, das Gesicht ein wenig pferdeähnlich, langgezogen, aber außerordentlich attraktiv, ihre schwarzen Haare waren im Nacken zu einem Zopf gebunden. Herrlich die Augen, dunkel, glühend, manchmal verträumt, manchmal hellwach und aufmerksam.

Zwei, drei Tage im Monat verschwand sie, ohne irgendjemandem Bescheid zu sagen. Später erklärte sie uns, ihr Verlobter aus Österreich komme sie besuchen, ein spanischer Adeliger, dessen Nachname, sagte sie, ebenso lang sei wie ihrer. Über ihn verriet sie uns nur, dass er Roderigo hieß, mehr nicht.

Nie geriet sie in Rage, nie verlor sie die Nerven, sie hatte sich selbst immer im Griff. Flem, mein Freund, der Regisseur, erzählte mir, er sei einmal mit ihr ins Theater gegangen, da war im Parkett ein kleines Feuer entstanden, eigentlich eine Bagatelle. Doch sofort brach unter den Zuschauern Panik aus, alle eilten in größter Hast, einander stoßend und anrempelnd, zu den Ausgängen. Auch mein Freund wollte weglaufen, doch er wurde von Pucci zurückgehalten, die ihm, von dem Schauspiel der panischen Masse angewidert, mit eiskalter Ruhe befahl: «Sag diesen Leuten, dass sie erst die Frauen und Kinder durchlassen sollen.»

Mein Freund legte die Hände zu einem Trichter an den Mund und rief: «Erst die Frauen und Kinder!» Er kam sich dabei entsetzlich lächerlich vor.

Pucci verließ das Theater als Vorletzte, nachdem sie vergeblich darauf bestanden hatte, dass mein Freund vor ihr rausging.

Eines Abends hatte Flem mich zu seiner Geburtstagsfeier eingeladen. Als ich etwas verspätet im Restaurant ankam, saß außer meinem Freund und Pucci auch ein wunderschönes Mädchen am Tisch. Alessia war Mannequin, gelegentlich machte sie Flem zu ihrem Begleiter. Pucci und Alessia sahen sich an dem Abend zum ersten Mal, doch sie schienen einander sympathisch zu sein.

Immer wenn ich mit Pucci zu Mittag oder Abend aß, faszinierte es mich, sie essen zu sehen. Sie benutzte das Besteck mit der gleichen Präzision und Eleganz, mit der ein großer Chirurg das Skalpell führt. Ihr Kauen bestand aus einer kaum wahrnehmbaren Bewegung des Kinns. Niemals ließ sie etwas auf dem Teller zurück, denn die Portion, die sie vorausschauend bestellt und dem Kellner zuvor akribisch erklärt hatte, entsprach genau der Menge, die sie von dem jeweiligen Gericht essen wollte.

Nach dem Essen nahm Flem uns mit in seine Wohnung, wo wir noch etwas trinken wollten. Er machte eine Flasche Champagner auf und füllte unsere Gläser. Pucci trank keinen Alkohol, doch um Flem einen Gefallen zu tun, nahm sie einen winzigen Schluck. Nachdem wir die Flasche zu dritt geleert hatten, gingen wir zum Whiskey über. Um uns Gesellschaft zu leisten, trank Pucci ein paar Tropfen. Während wir immer euphorischer wurden, schien Pucci auf ihrem Sessel einzuschlafen. Nach einer Weile erklärte Alessia, ihr sei sehr warm, und zog ihre Bluse aus. Darunter war sie nackt. Mir stockte der Atem.

«Die sind ja wunderbar!», rief ich aus. «Du hast einen wahrhaft klassischen Busen.»

Da ertönte ein regelrechtes Indianergeheul, das uns die Haare zu Berge stehen ließ. Es kam aus dem Sessel, auf dem wir Pucci eingeschlafen wähnten. Mitnichten, sie stand aufrecht im Raum, hellwach, ihre Augen sprühten Funken.

«Hör zu, du blödes Arschloch!», schrie sie mich an. «Bevor du unüberlegtes Zeug faselst, guck dir die hier an!»

Blitzschnell zog sie sich den Sack über den Kopf, den sie als Bluse getragen hatte, hakte ihren Büstenhalter auf, nahm ihre Brüste in die Hände, kam auf mich zu und hielt sie mir unter die Nase. Dann wandte sie ihre Aufmerksamkeit Alessia zu.

«Zieh deinen Rock aus, Schlampe!», befahl sie ihr, während sie drohend auf Alessia zuging, die leere Champagnerflasche schwingend, die sie am Hals gepackt hatte.

Das Mädchen gehorchte, zu Tode erschrocken.

«Dreh dich um, fette Kuh!»

Sie bedachte Alessias Hintern mit einem verächtlichen Blick, dann begann sie, herausfordernd zu uns Männern gewandt, sich den Rock auszuziehen.

«Wollen wir über Ärsche reden?»

Wir konnten sie erst beruhigen, als wir ihr beteuerten, dass keine andere es mit ihrem Körper aufnehmen konnte. Dann brachten wir sie nach Hause. Die Fahrt war ein Kampf.

Sie bestand darauf, dass alle ein Urteil über ihre Brüste abgaben: die Nachtwächter, die Straßenfeger, die Nachtschwärmer, und ihre Wortwahl hätte den abgebrühtesten Matrosen erröten lassen.

Am nächsten Morgen war sie wieder die gewohnte Pucci. Makellos.

Vielleicht hatte sie uns am Abend zuvor, wenn auch nur für kurze Zeit, das andere Gesicht der Noblesse gezeigt.

Quilit

Nach Rio de Janeiro war das von mir inszenierte Theaterstück über Majakowskij durch eine Einladung der
örtlichen Universität gekommen. Darum erblickte ich,
als ich auf die Bühne des großen Theaters trat und mich
anschickte, unsere Arbeit zu erläutern, im dichtbesetzten
Zuschauerraum ein Publikum, das zum Großteil aus
jungen Menschen bestand. Das Stück mit seinem span-
nungsreichen, rasanten Rhythmus dauerte anderthalb
Stunden ohne Pause.

Am Ende brach ein ohrenbetäubender Beifall los. Und
gleich darauf kamen viele junge Leute auf die Bühne geklettert, um die Schauspieler, die in ihrem Alter waren, zu
umarmen. Ein begeistertes Durcheinander, unbeschreiblich. Ich stieg hinunter ins Parkett, um diese Szenen der
Herzlichkeit zu genießen, wie ich sie noch nie in einem
Theater erlebt hatte.

Nach diesem Spektakel, das gut zehn Minuten in An-
spruch nahm, gingen die Schauspieler, etwa zwanzig an
der Zahl, und die Zuschauer, die auf die Bühne gekommen waren, Arm in Arm davon. Ich blieb erschöpft im
Parkett sitzen: Die Spannung wich, nun nahm die Müdigkeit ihren Platz ein. Die Lichter auf der Bühne erloschen,
nur die Notbeleuchtung im Zuschauerraum blieb. Ich er-

hob mich, um zu gehen, da bemerkte ich im Halbdunkel, dass in der letzten Reihe im Parkett noch jemand saß. Ich ging auf die Reihe zu. Es war ein Mädchen um die zwanzig mit einem reizenden Gesicht, eine sehr hübsche Person. Auch sie stand auf. Dunkelhaarig, nicht sehr groß, eine ebenmäßige Figur, sie trug Jeans und eine Bluse.

«Du bist sehr gut», sagte sie in fehlerlosem Italienisch, doch mit brasilianischem Akzent.

«Danke. Wartest du auf jemanden?»

«Nein, ich warte, dass meine Aufregung sich legt. Spürst du das?»

Sie nahm meine Hand und legte sie auf ihr Herz. Ich spürte genug, auch weil sie nicht genau zu wissen schien, wo sich das Herz befand, und meine Hand darum genötigt hatte, die angenehme Umgebung zu ertasten.

«Ich heiße Quilit.»

Nach zwei Tagen in Brasilien hatte ich mich an die verrücktesten Vornamen gewöhnt.

«Willst du mit uns zu Abend essen?», fragte ich sie.

«Ich kann nicht, ich habe eine Verabredung mit meinem Freund. Warum kommst du nicht mit uns?»

Ich sagte zu, informierte den Inspizienten, dass ich nicht mit den Schauspielern zum Abendessen gehen würde, und verließ mit Quilit das Theater. Wir nahmen ein Taxi, sie nannte dem Fahrer eine Adresse an der Copacabana. Das Lokal, in das sie mich brachte, war eine riesige Bar, wo man auch essen konnte, hauptsächlich aber nicht nur, von Studenten besucht. In dem großen Raum hinter der Bar standen etwa dreißig Tische, fast alle besetzt.

Während wir auf ihren Freund warteten, erzählte mir Quilit, dass sie Jura studiere, im nächsten Jahr ihre Promotion ablegen werde und dann sofort in die Kanzlei ihrer Mutter eintreten wolle, die Anwältin für Arbeitsrecht war.

Nun kam Jaime, ihr Freund, ein gutaussehender Junge, groß und athletisch. Er schien nicht besonders erfreut, mich zu sehen. Er setzte sich und begann eine lebhafte, erregte Diskussion mit Quilit, von der ich kein Wort verstand. Plötzlich stand Jaime mit finsterer Miene auf und ging.

«Ich glaube nicht, dass es eine gute Idee war, mich mitzunehmen», sagte ich.

Sie zuckte die Achseln, schenkte mir ein bezauberndes Lächeln, streichelte meine Hand.

«Das hat nichts mit dir zu tun. Es ist wegen einer Geschichte, die gestern passiert ist. Ich brauchte einen Rat von einem wissenschaftlichen Mitarbeiter in Jura, Jaime hat mich mit dem Auto zu seiner Wohnung gefahren, wollte aber nicht mit raufkommen. Als ich dann zurückkam, wurde er sehr wütend, weil es so lange gedauert hatte. Er behauptete, ich hätte mit dem Typen was angefangen.»

«Ist er denn so eifersüchtig?»

«Ja, ziemlich. Allerdings hatte er diesmal recht. Doch es hatte eigentlich gar keine Bedeutung, warum sich wegen so was aufregen? Komm, lass uns jetzt bestellen und essen.»

Eine sehr elegante, schöne Dame kam herein und näherte sich unbefangen unserem Tisch. Quilit stellte uns vor. Es war ihre Mutter. Sie bat mich um Entschuldigung, dann begann sie, sich leise mit ihrer Tochter zu unterhalten. Schließlich reichte sie mir die Hand, lächelte mich an und ging wieder.

«Deine Mutter ist sehr schön», sagte ich.

«Ja. Sie ist noch jung, unter vierzig, sie hat mich bekommen, als sie nicht mal neunzehn war. Gefällt sie dir wirklich?»

«Hm, ja.»

«Soll ich es ihr sagen? Wenn sie Lust hat, könntet ihr euch verabreden.»

Diese Zwanglosigkeit verschlug mir die Sprache. Dann versuchte ich, ihr zu erklären, dass ich kein Mann war, der … nun ja, sie müsse verstehen.

Quilit verstand, aber das Gegenteil. Fünf Minuten später rief sie einen attraktiven Mestizen an unseren Tisch, bedeutete ihm, sich zu setzen, und flüsterte ihm etwas ins Ohr. Der Mestize nickte, legte seine Hand auf meinen Oberschenkel und streichelte ihn, dann brachte er seine Lippen gefährlich nah an meinen Mund und fragte mich lächelnd: «Gefallen ich dir, Italiener?»

Entsetzt erklärte ich Quilit, dass sie sich geirrt habe und dass Männer mir nicht gefielen. Sie schickte den Mann weg und sah mich schweigend an. Dann sagte sie: «Ich wollte dir nur für die Freude danken, die mir dein Theaterstück gemacht hat. Aber ich verstehe nicht, was dir gefällt, bitte entschuldige. Lass uns weiteressen.»

Wir beendeten unsere Mahlzeit. Und gleich danach fragte sie mich, ob ich ihr etwas Geld geben könne.

Es war die Zeit der Geldentwertung, ich zog ein dickes Bündel Scheine aus der Tasche. Sie nahm ein paar Banknoten, stand auf und ging in den anderen Raum. Ich wunderte mich. Und war auch ein bisschen enttäuscht, weil sie mich um Geld gebeten hatte. Sie kam mit zwei prall gefüllten Plastiktüten zurück.

«Begleitest du mich?»

Wir kehrten mit einem Taxi in die Stadt zurück und landeten in einem Außenbezirk, einem Viertel mit niedrigen, verfallenen Häusern, schlecht beleuchtet, das nach bitterer Armut roch. Stundenlang gingen wir durch die Straßen. So lernte ich ein Rio kennen, das für Touristen tabu ist.

Quilit schien hier für alle eine Freundin zu sein: Prostituierte, Zuhälter, Bettler, Diebe, die noch Kinder waren. Durch sie tauchte ich in eine Welt der Verzweiflung ein, die ebenso verzweifelt glücklich war. Ein wahrer Höllenkreis. Von Zeit zu Zeit holte sie ein Hühnerbein, ein Schnitzel, einen Hamburger aus den Plastiktüten und gab sie halb Verhungerten, die sich kaum mehr auf den Beinen halten konnten.

Um drei Uhr morgens sollte ich sie zur U-Bahn begleiten. Sie war müde geworden, wollte nach Hause. Während wir am Bahnhof warteten, nahm sie mich an die Hand und führte mich in eine dunkle Ecke.

«Wenn du möchtest ... wir haben noch über fünf Minuten», sagte sie und gab mir klar zu verstehen, was sie meinte.

Ich bedankte mich. Sie gefalle mir sehr, sagte ich, aber ich sei zu Tode erschöpft.

Da stellte sie sich auf die Zehenspitzen, umarmte mich fest und küsste mich auf den Mund.

Die U-Bahn kam, sie stieg ein, und wir blickten uns an, bis die Wagen sich in Bewegung setzten.

Ramona

Für einen Fernsehfilm, den ich drehen wollte, brauchte ich eine Schlangenfrau und einen echten Messerwerfer. Während die Schlangenfrau einfach ihre Nummer vorführen sollte, würde der Messerwerfer die Aufgabe haben, dem Schauspieler, der die Rolle des Messerwerfers spielen sollte, ein paar Tricks zu zeigen.

Der Messerwerfer war um die vierzig, groß gewachsen, hatte einen dünnen Schnurrbart und lange Koteletten und kehrte den Macho heraus. Sein Name war Pedro, aber er war in Ravanusa, auf Sizilien, geboren.

Ich erklärte ihm, dass der Schauspieler die Messer nicht wirklich werfen würde, denn die Zielscheibe, vor der eine Schauspielerin stand, war präpariert. Die Messer waren schon darin versteckt, und es würde nur so aussehen, als bohrten sie sich in das Holz, während sie in Wirklichkeit blitzschnell daraus hervorschossen; ein kleiner optischer Trick.

Mir reiche es, erklärte ich weiter, wenn er dem Schauspieler die Wurfbewegungen und die Haltung beibringe, die er beim Werfen einnehmen musste.

Pedro hatte schon von Natur aus einen finsteren Blick. Bei meiner Erklärung wurde dieser Blick noch finsterer.

«Dann ist das alles eine Täuschung?»

«Natürlich. Sie werden doch wohl nicht verlangen, dass ich einen Dilettanten echte Messer auf eine Schauspielerin werfen lasse?»

Er setzte eine tödlich beleidigte Miene auf.

«Nachdem ich ihn unterrichtet habe, wird er kein Dilettant mehr sein.»

«Hören Sie», beendete ich brüsk das Gespräch, «tun Sie, was ich sage, basta.»

Er warf mir einen hasserfüllten Blick zu. Warum hatte mir das Besetzungsbüro von allen Messerwerfern ausgerechnet den reizbarsten schicken müssen?

Am nächsten Morgen kam er nicht zur Probe. Ich erfuhr, dass der Messerwerfer von der Polizei zum Verhör geladen worden sei. Am Vorabend, nach der Zirkusvorführung, hatte sich ein unvorsichtiger Zuschauer an seine Freundin herangemacht, worauf der Messerwerfer den Mann übel zugerichtet hatte.

Am nächsten Tag kam er wieder, finsterer denn je dreinblickend. Innerhalb kürzester Zeit freundete er sich mit dem Schauspieler an, den er unterrichtete. Und dieser erzählte mir, dass Pedro ihm anvertraut habe, er sei rasend eifersüchtig, geradezu besessen. Tatsächlich sei dies nicht das erste Mal gewesen, dass er jemanden aus Eifersucht krankenhausreif geschlagen habe. Er stand auch dazu, dass wenn das Mädchen ihn wirklich betrügen würde, er nicht die geringsten Bedenken hätte, den Rivalen umzubringen.

«Und das Mädchen vermutlich dazu», sagte ich.

«Nein, das Mädchen nicht, er liebt es zu sehr, um ihm weh zu tun.»

Der Messerwerfer beendete seine Arbeit, und ich ließ die Schlangenfrau kommen, Ramona.

Sie war bezaubernd, brünett, liebenswürdig, nicht besonders groß, aber mit einem vollkommenen Körper ausgestattet. Als sie ihre erste Vorführung im Probensaal gab, brachte sie sämtliche anwesenden Männer um den Verstand.

Eine Schlangenfrau direkt vor sich zu erleben, ist etwas ganz anderes, als sie von weitem in einer Zirkusmanege zu beobachten. Ich bin sicher, dass das, was den männlichen Zuschauern während der Vorführung durch den Kopf ging, nicht gerade unter dem Vorzeichen der Kunst stand. Ramona war sich ihrer Wirkung bewusst und sichtlich zufrieden, denn sie warf schmachtende Blicke nach rechts und links. Spätestens dann lagen ihr alle Männer zu Füßen.

Die Proben fanden vormittags statt, und Ramona ließ sich von dem Schauspieler, der die Hauptrolle hatte, am ersten Tag bereitwillig zum Mittagessen einladen. Am zweiten Tag ging sie mit dem Regisseur essen. Am dritten Tag mit dem zweitwichtigsten Schauspieler.

Am vierten Tag war ich als Produzent an der Reihe. Ramona selbst hatte sich angeboten: «Und du? Hast du keine Lust, mich zum Essen einzuladen?»

Um Missverständnissen vorzubeugen, sagte ich ihr beim Essen, dass ich hinterher einen Termin hätte. Etwa nach der Hälfte des Essens fragte sie mit zerstreuter Miene, ob es ein großes Problem wäre, wenn Manrico, ein drittklassiger, aber sehr gutaussehender Schauspieler, ein paar Tage fehlte.

«Machst du Witze? In zwei Tagen fangen wir mit den Aufnahmen an. Warum fragst du?»

«Nur so.»

Sie stand auf, ging telefonieren. Zurück am Tisch, sagte sie, sie habe Manrico gebeten, sie abzuholen. Offenbar hatte sie die Absicht, sich bis um sieben, wenn ihre Probe weiterging, mit ihm zu vergnügen. Also erhob ich mich und verließ das Restaurant.

Am selben Abend rief das Besetzungsbüro mich zu Hause an, um mir mitzuteilen, dass Manrico nicht zur Probe kommen werde, da er mit Verdacht auf Schädelbasisbruch im Krankenhaus liege.

«Ein Autounfall?»

«Ha, von wegen! Er ist in einem kleinen Hotel vom Freund der Schlangenfrau überrascht worden, wo die beiden zusammen im Bett waren.»

Ich hatte einen Geistesblitz.

«Ihr Freund ist der Messerwerfer?»

«Wusstest du das etwa nicht?»

Am nächsten Morgen erschien Ramona in aller Ruhe zu den Proben, heiter, mit glücklicher Miene.

«Du gehst heute mit mir Mittagessen», befahl ich.

Als wir am Tisch saßen, verlangte ich eine Erklärung von ihr.

«Hast du Pedro Bescheid gegeben?»

Sie sah mich aus ihren tiefblauen Augen an.

«Oh nein, das wäre viel zu offenkundig. Ich habe ihn von einem Freund beim Zirkus anonym anrufen lassen.»

Ich blickte sie bestürzt an.

«Kannst du mir erklären, warum du so etwas tust?»

Sie lächelte mit verträumten Augen.

«Ach, mein Guter, du kannst dir nicht im Entferntesten vorstellen, wie unbeschreiblich herrlich unsere Versöhnung ist! O Gott, was für eine Nacht war das! Um sechs

Uhr früh sind wir erschöpft eingeschlafen, noch immer eng umschlungen. In den ersten zwei Stunden war Pedro ein rasender Stier, schäumend vor Wut, in seinen Armen habe ich mich gefühlt, als würde ich in Stücke gerissen. Ich habe ihn angefleht aufzuhören, aber er machte mit bestialischer Gewalt weiter. Dann ist er plötzlich zärtlich geworden, hat mich um Verzeihung gebeten und mich mit einer unendlichen Sanftheit genommen, und dann …»

Sie erzählte noch lange weiter, ging bis in Einzelheiten. Was konnte ich tun? Ich versammelte alle, die noch nicht mit Ramona essen gegangen waren, und warnte sie vor der Gefahr.

Glücklicherweise konnte Manrico nach drei Tagen wieder arbeiten. Aber ich wagte nicht, ihm zu sagen, dass es eigentlich Ramona gewesen war, die ihn ins Krankenhaus gebracht hatte. Um eine leidenschaftliche Nacht zu bekommen.

Sofia

Die Tochter eines Lehrerehepaars studierte ebenfalls Literaturwissenschaft, jedoch ohne großes Engagement. Nach dem Examen lebte sie fünf Jahre lang von Vertretungen und privaten Nachhilfestunden, dann hatte sie das Unterrichten satt. Mit achtundzwanzig verließ sie das Dorf in Venetien, in dem sie aufgewachsen war, um nach Mailand zu ziehen. Ihre Eltern konnten sie finanziell nicht unterstützen, also musste sie sich eine Anstellung suchen. Sie war eine schöne Frau, brünett, mittelgroß, offenherzig und freundlich, ihr Körper wohlgeformt und sehr sinnlich. Arbeit fand sie sofort sie wurde Verkäuferin in einer Buchhandlung. Nach bereits einem Monat wurde sie die Geliebte von Fabio, dem Eigentümer der Buchhandlung, einem Mann um die fünfzig, verheiratet, Vater zweier Kinder. Natürlich hatte Sofia ihre Erfahrungen gemacht, doch es waren immer nur «einmalige Gastspiele» gewesen, wie sie lachend bekannte, davon allerdings eine ganze Menge und nie zweimal mit demselben. Bald darauf übernahm Fabio eine wichtige Funktion in der Gewerkschaft, von da an musste er viel reisen und konnte mit Sofia, die er zu seiner Sekretärin machte, eine sehr viel intensivere Beziehung aufbauen als bei den bisherigen flüchtigen Begegnungen. Doch gerade diese scheinbar günstigen Umstände wirkten sich nachteilig aus. Fabio spürte, dass bei Sofia ein Reifungsprozess stattgefunden hatte, ein erwachtes Bewusstsein von der eigenen Sexualität, das ihn verwirrte. Es war, als suchte Sofia etwas, was über die körperliche Vereinigung hinausging. Und da sie es nicht fand, wurde sie unersättlich. Ihre Forderungen, die bis zum ersten Licht des Morgengrauens aufeinanderfolgten, erschöpften ihn, bei den Gewerkschaftssitzungen konnte er nicht mehr klar denken. Außerdem nahm er an Sofia eine erschreckende Aggressivität wahr, als wollte sie ihm den Altersunterschied und seine Unfähigkeit, sie vollständig zu befriedigen, zum Vorwurf machen. Um sich aus dieser Situation zu befreien, verzichtete er auf den Gewerkschaftsposten, Sofia kehrte in ihre Rolle als Verkäuferin zurück, und sie trafen sich wieder wie früher nur gelegentlich in der kleinen Wohnung, in der sie wohnte und für die er die Miete zahlte.

Obwohl er manchmal versucht war, die Beziehung zu beenden, brachte Fabio es nicht über Herz, denn er ahnte, dass er unter einer Trennung sehr leiden würde. Dass er in sie verliebt war, wagte er sich nicht einzugestehen.

Eines Morgens rief Sofia an, sie sei erkältet und habe leichtes Fieber und könne daher heute nicht in die Buchhandlung kommen. Fabio sagte, er hätte sie gerne besucht, aber am Nachmittag sei ein Treffen mit anderen Buchhändlern, das sich voraussichtlich lange hinziehen werde. Diese Sitzung war schon vor längerer Zeit verabredet worden, und Sofia wusste davon. Sie sagte, er solle sich keine Sorgen machen, zu Hause im warmen Bett zu bleiben, werde ihr guttun, morgen werde sie sicher wieder zur Arbeit kommen können. Bevor sie das Gespräch beendeten, schlug Fabio vor, am nächsten Tag gemeinsam zum Abendessen auszugehen, danach werde er etwa zwei Stunden bei ihr bleiben können. Sofia lachte, sagte, das sei eine ausgezeichnete Idee, schließlich hätten sie es schon seit fünf Tagen nicht mehr getan.

Am späten Vormittag erhielt Fabio die Nachricht, dass die Sitzung abgesagt worden war. Also blieb er am Nachmittag in der Buchhandlung und beschloss, Sofia nach Ladenschluss eine Überraschung zu bereiten. Er kaufte Brathuhn mit Pommes frites und eine Flasche Wein.

Als er parkte, bemerkte er das Licht, das durch die geschlossenen Rollläden von Sofias Schlafzimmerfenster drang, ein Zeichen, dass sie sich hingelegt hatte. Er öffnete die Haustür mit seinem Schlüssel, nahm den Aufzug, stieg im dritten Stock aus, öffnete die Wohnungstür, ohne das geringste Geräusch zu machen.

Schon in dem winzigen Flur schlug ihm der süßliche Geruch abgestandener Luft entgegen, als wäre die kleine Wohnung, die bis auf das Schlafzimmer ganz im Dunkeln lag, seit zwei Tagen nicht mehr gelüftet worden. Es war zum Ersticken heiß, die Etagenheizung lief auf Hochtouren.

Dann sah er das Bild in dem großen Garderobenspiegel.

Sofia war verrückt nach Spiegeln, ihre Wohnung war mit Spiegeln jeder Größe vollgehängt. Schon vor einiger Zeit hatten die beiden bemerkt, dass der Spiegel im Flur, wenn die Schlafzimmertür nicht geschlossen war, durch ein Spiel wechselseitiger Reflexe Sofias Bett zur Gänze wiedergab.

Auf dem Bettrand saß jetzt, nackt und schweißgebadet, ein Kunde der Buchhandlung, ein muskulöser, sehr belesener Mann um die dreißig. Sofia kniete zwischen seinen Beinen.

Fabio brach auf einem Stuhl im Flur zusammen und schloss die Augen, er konnte sich nicht rühren, kein Wort sagen. Statt ins Schlafzimmer zu stürzen, zwang er sich dazu, zuzuschauen. Er sah Sofia von der Seite, das Gesicht hinter den Haaren versteckt. Die Bewegung ihres Kopfes war so langsam und gleichmäßig wie die Meeresbrandung. Fabio fiel ein, dass sie ihm gestanden hatte, sie habe einmal in einem Boot Liebe gemacht und sich dabei im Einklang mit sich selbst und der Welt gefühlt.

Dann legte der junge Mann eine Hand auf ihren Nacken, Sofia aber schob die Hand brüsk weg.

Fabio begriff, dass sie in ihrem magischen Kreis allein gelassen werden wollte.

Ja, allein.

Dass sie dem jungen Mann Lust bereitete, war ganz und gar nebensächlich, entscheidend war dagegen, dass nichts sich zwischen sie und die Befriedigung ihrer Leidenschaft stellte und den kosmischen Rhythmus störte.

Der Mann war lediglich ein unverzichtbares Objekt, mehr nicht.

Kurz darauf, als Sofia aufs Bett stieg und etwas murmelte, erhielt Fabio die Bestätigung.

«Noch mal?», protestierte der Mann. Schon seit gestern Abend …»

«Los!», sagte sie.

Jetzt hatte sie eine Position eingenommen, bei der Fabio endlich ihr Gesicht sehen konnte.

Keuchend streckte Sofia die Zunge raus und leckte sich den Schweiß ab, der in Rinnsalen an ihr herunterfloss.

Doch das genügte nicht, also rieb sie ihr Gesicht am Bettlaken. Der junge Mann hockte hinter ihr.

Fabio wusste, dass Sofia nicht stöhnte, sie gab überhaupt keinen Laut von sich, blieb stumm und hielt die Augen geschlossen. Eine leichte Kontraktion der Beckenmuskeln war das einzige Zeichen, dass sie den Höhepunkt erreicht hatte.

Sehr selten riss sie gleich danach, und nur einen Augenblick lang, den Mund weit auf, wie es die Gottesanbeterin macht, die das Männchen nach der Paarung auffrisst.

Jetzt, wo er als Zuschauer ihr Gesicht beobachtete, sah Fabio, welch intensiven Ausdruck es annahm. Sofia wirkte äußerst versunken und konzentriert, ihre Stirn war gerunzelt, die Lippen angespannt, sie schloss die Außenwelt aus, um auf etwas in ihrem Inneren zu hören, etwas Magisches, das in den Tiefen ihres Körpers geschah. Plötzlich riss sie die Augen auf, bewegte die Pupillen schnell nach rechts und links, dann rollte sie die Augen nach hinten, als würde sie ihr Inneres betrachten. Sie horchte in sich hinein, sorgsam darauf bedacht, die kleinsten Reaktionen ihres erregten Fleisches wahrzunehmen. Ihre Augen waren nur noch zwei weiße Kugeln, sie war eine Zeitlang blind, und Fabio wurde klar, dass sie nichts sehen wollte, um die äußere Wirklichkeit noch gründlicher auszulöschen und zum einzigen lebenden, bebenden Punkt in einem ungeheuren Nichts zu werden.

Dann stützte Sofia sich plötzlich auf die Ellenbogen und faltete die Hände. Ihre Lippen bewegten sich rasch, sie sprach Worte, die nur sie hören konnte.

Betete sie? Und wenn ja, an welchen Gott richtete sie

ihr Gebet? War es das, was die Priesterinnen der Venus damals taten?

Das Gebet musste erhört worden sein, denn Sofia kauerte sich plötzlich zusammen, die Stirn auf dem Laken, die Arme um den Kopf geschlungen, in sich selbst verkrochen wie ein Igel, um nichts von dem herauszulassen, was sie fühlte und was sie schüttelte, sodass sie zuckte, als weinte sie. Jäh streckte sie sich auf dem Bauch aus, der aufgerichtete Oberkörper von den nach innen zeigenden Händen gestützt. Sie war zu einer Eidechse geworden und riss den Mund auf.

Nein, es war nicht das Verhalten der Gottesanbeterin, kurz bevor sie dem Männchen den Kopf abreißen wird. Sofia stieß einen gellenden, stummen Schrei der Befriedigung aus, der ganzen Fülle erreichter Lust.

Dann drehte sie sich zu dem jungen Mann um und befahl ihm: «Jetzt zieh dich an und verschwinde.»

Blitzschnell stand Fabio auf, nahm die Tüte mit den Einkäufen, ging aus der Wohnung und schloss leise die Tür.

Auf der Straße beschloss er, Sofia mit keiner Andeutung wissen zu lassen, was er gesehen hatte. Er hatte sie nicht dabei überrascht, wie sie ihn betrogen hatte, sondern bei einem geheimen Ritus, der nur sie betraf.

Bevor er nach Hause ging, rief er sie an. Sofias Stimme war heiser.

«Hast du geschlafen?»

«Ja, den ganzen Tag.»

«Wie geht es dir?»

«Wunderbar. Ich fühle mich wie ein neuer Mensch. Morgen kann ich bestimmt wieder kommen.»

«Und dann bleiben wir am Abend ein bisschen zusammen?»

«Ich wünsche mir nichts mehr als das.»

«Ich liebe dich.»

«Ich dich auch», sagte Sofia.

Theodora

Auf dem wunderbaren Mosaik in der Basilika von San Vitale in Ravenna kann man sie bewundern. Theodora von Byzanz, die Gemahlin des Kaisers Justinian, ist dort in ihrer ganzen majestätischen Würde dargestellt, umringt von der Schar ihrer Hofdamen. Auf dem Kopf trägt sie ein kostbares Diadem aus Edelsteinen, an dem Perlenketten hängen, um ihren Hals liegt eine breite Kette aus Gemmen, und ein prächtiger Umhang in Gold und Purpur umhüllt sie.

Wie uns die Historiker sagen, hat Theodora sich nicht damit begnügt, nur die Frau von Justinian I. zu sein, also des Mannes, der Rom von den Goten befreite und alle Gesetze des römischen Rechts in einem einzigen Korpus zusammenfasste, das zur Grundlage unser heutigen Rechtskultur wurde. Nein, sie war auch seine engste Mitarbeiterin in Regierungsangelegenheiten, und vor allem regte sie ihn zu wichtigen gesellschaftlichen Reformen an.

Unter anderem hat sie, und das ist nichts Geringes, als Frau großen persönlichen Mut bewiesen.

Prokopios von Caesarea, der Historiker der justinianischen Epoche, gibt eine improvisierte Rede wieder, die sie während des Nika-Aufstands vor Generälen und Ratgebern des Kaisers hielt. Als diese keine andere Rettung mehr sahen als die Flucht, ergriff Theodora mitten im hitzigen Widerstreit gegensätzlicher Meinungen das Wort und sagte mit kaum verhehlter Verachtung und Ironie:

«Ich denke, unter den gegebenen Umständen sollte man über die Unschicklichkeit hinwegsehen, dass eine Frau mutiger ist als die Männer und Lösungen vorschlägt, welche Tapferkeit von denen verlangen, die hingegen Angst zeigen ...»

Kurz: Sie konnte alle überreden. Widerstand zu leisten. Und Justinian durfte sich mit einem weiteren Sieg schmücken.

Doch es ist bekannt, dass derselbe Prokopios, der offiziell ihr Loblied singt, sie in seiner *Geheimgeschichte* verspottet, verleumdet und schmäht, als wollte er ihr den prächtigen Umhang herunterreißen, den sie auf dem Mosaik trägt, um sie uns unbarmherzig in grausamer Nacktheit zu zeigen.

Prokopios kann der großen Königin ihre Herkunft, ihre schrecklichen Jugendjahre nicht verzeihen.

Die *Geheimgeschichte* ist von Anfang bis Ende ein minuziöser, geifernder und leider allzu selbstgerechter Bericht des lasterhaften Lebens, das Theodora führte, bevor sie Kaiserin wurde.

Wäre es nicht aber gerechter, wenn er geschrieben hätte: des lasterhaften Lebens, das zu führen sie gezwungen war?

Akakios, Bärenwärter bei den Zirkusspielen, hinterließ, als er jung starb, seine Witwe und drei Töchter: Comito, die Älteste, die erst sieben Jahre alt war, Theodora und Anastasia.

Da sie alle drei zu sehr schönen Mädchen heranwuchsen, beschloss die Mutter, die sich mit einem armen Teufel zusammengetan hatte und ein elendes Leben führte, aus Comito eine Kurtisane zu machen, sobald sie alt genug wäre.

Prokopios schreibt, dass sie binnen kürzester Zeit unter ihren Kolleginnen hervorstach. ja, «glänzte», sodass die reichen Kunden Schlange standen. Als Gehilfin diente ihr die Schwester Theodora, fast noch ein Kind. Und hier überlasse ich Prokopios das Wort.

«Weil Theodora damals noch nicht genügend zur Frau gereift war, um Männern beiliegen zu können, vereinigte sie sich nach Männerart mit Sklaven, die ihrer Lust auf diese schändliche Weise Genüge tun konnten, und auch im Bordell verbrachte sie viel Zeit damit, ihren Körper wider die Natur benutzen zu lassen. Kaum erwachsen, wurde sie zu einer billigen Hure.»

Doch sie ist fest entschlossen, ihren Weg zu machen oder wenigstens ein paar Stufen in der gesellschaftlichen Rangordnung aufzusteigen. Prokopios schreibt nämlich, dass sie, obwohl sie kein Musikinstrument spielen und nicht einmal tanzen konnte, dennoch durch ihre Schönheit auffiel. Diese war das Einzige, was sie vorführen konnte, und so gelang es ihr, in die Welt jener Schauspieler aufgenommen zu werden, deren Darbietungen sich damals größter Beliebtheit erfreuten.

Oftmals zog sie sich auf der Bühne aus, fährt Prokopios fort, und behielt nur einen Lendenschurz an. Doch auch den legte sie manchmal ab, eine ihrer gefeierten «Nummern» bestand darin, sich Gerstenkörner auf die Scham zu streuen, die dann von Gänsen aufgepickt wurden.

Prokopios räumt ein, dass sie intelligent und geistreich

war und dass sie eine Lebensphilosophie hatte, die sie heiter bleiben ließ, auch wenn sie Schläge und Ohrfeigen einstecken musste. Oft löste sie alle Probleme, indem sie sich auszog und sich von vorn und von hinten zeigte, obwohl diese Körperteile, wie der Historiker schamhaft bemerkt, «den Männern unsichtbar bleiben sollen».

Nicht zufrieden mit dem, was er bereits über sie geschrieben hat, greift Prokopios zu noch schärferer Munition und berichtet, dass Theodora sich bei Tisch von nicht weniger als zehn kräftigen, in sexuellen Praktiken erfahrenen Jünglingen Gesellschaft leisten ließ, um sich nach dem Essen so lange mit ihnen zu vereinigen, bis sie allesamt ermatteten. Darauf nahm sie sich die Diener vor, einen nach dem anderen, gut dreißig an der Zahl, «doch nicht einmal auf diese Weise konnte sie ihre Wollust befriedigen».

Eines Tages sieht Kaiser Justinian ein Schauspiel, bei dem Theodora mitwirkt. Er ist von ihr bezaubert, macht sie zu seiner Geliebten. Im Jahr 525 heiratet er sie und macht die noch nicht dreißigjährige ehemalige Schauspielerin zur Herrscherin über das Oströmische Reich.

Einen solchen Schritt konnte nur Justinian sich erlauben, ohne Aufstände und Rebellion hervorzurufen.

Über das Verhalten der Kaiserin wird Prokopios uns keine einzige boshafte Bemerkung hinterlassen, ein Zeichen, dass sie sich erst als Justinians Geliebte und dann als seine Gemahlin untadelig benommen hat.

Er deutet nur wie nebenbei an, dass sie sich mit ihrem Mann okkulten Praktiken widmete, bei denen es darum ging, die Geheimnisse des Lebens und des Todes zu ergründen. Wahrscheinlich versuchte Theodora, jetzt, da sie

die Möglichkeit dazu hatte, jene mystische Weisheit zu er-
langen, die dem Okzident unbekannt war.

Prokopios hätte sie gar nicht daran erinnern müssen,
denn Theodora selbst konnte und wollte die grauenhaf-
ten Erfahrungen nicht vergessen, die sie als Kind gemacht
hatte. Die Gesetze zugunsten der Armen und Unglück-
lichen, die der Kaiser auf ihre Anregung erließ, sind der
eindeutige Beweis.

Ja, die junge Hure, die sich in den Bordellen von Byzanz
verkaufte, verdient es wahrhaftig, als bewunderte und ver-
ehrte Kaiserin in der Basilika von San Vitale in Ravenna
zu erscheinen.

Im Übrigen schloss ihre Rede vor Justinians Ratgebern
während der Belagerung von Nika mit der Feststellung,
dass sie selbst niemals fliehen würde, auch wenn der Kaiser es täte, sie würde bleiben und bis zuletzt Widerstand
leisten. Und wenn sie durch das Schwert sterben müsste,
würde sie denken: «Das Königsgewand ist ein wunderschönes Leichentuch.»

Dieses Königsgewand konnte nicht einmal Prokopios
ihr abreißen.

Ursula

Als Paolo sie kennenlernte, war Ursula sechsundzwanzig und lebte seit drei Jahren in Italien.

Die Wienerin war so hellblond wie ein Albino, die Körpergröße normal, die Figur perfekt. Sie hatte Architektur studiert und in ihrer Heimat einen jungen italienischen Kollegen kennengelernt, Silvio. Die beiden hatten sich ineinander verliebt, und als er nach Mailand zurückging, war sie ihm gefolgt.

Jetzt lebten sie in einer kleinen Wohnung am Corso Sempione und arbeiteten im selben Architekturbüro.

Ursula war ein umgänglicher Mensch, sie lachte oft, nahm nichts übel, außer wenn es einen triftigen Grund gab, sie hasste Streit und versuchte, mit allen in Frieden zu leben.

Paolo hatte von seinem Großvater einen alten Meierhof wenige Kilometer vor der Stadt geerbt, den er restaurieren lassen wollte. Zufällig hatte er sich an das Architekturbüro gewandt, wo das Paar arbeitete. Silvio und Ursula bekamen den Auftrag.

Zu jener Zeit hatte die Verbindung der beiden schon ein paar Risse.

Es war Ursula nicht entgangen, dass Silvio sich oft und gern flüchtigen Abenteuern hingab, und sie litt sehr darunter, behielt aber alles für sich, aus Angst, die kleinste Bemerkung von ihr könnte eine jener Diskussionen auslösen, die sie so verabscheute.

Die erste Besichtigung des Hofes machten sie natürlich als Paar, doch bei der zweiten erschien Ursula allein. Silvio hatte sich gedrückt, indem er im letzten Moment eine berufliche Verpflichtung vorschob. Doch Ursula wusste genau, dass Silvio sich damit ein paar Stunden Freiheit sichern wollte.

Und so sahen sich Paolo und Ursula auf dem großen, verlassenen Landgut allein.

Paolo, dem Junggesellen, hatte die junge Frau sofort sehr gefallen. Auch hatte ihn eine Besonderheit ihrer Augen beeindruckt: die linke Iris zeigte braune Reflexe, die rechte war grün. Und beide hatten die einzigartige Eigenschaft, sich deutlich sichtbar zusammenzuziehen.

Er bemerkte, dass sie an diesem Morgen nicht so fröhlich war, wie er sie kennengelernt hatte, sie wirkte zerstreut, fast unachtsam. Zwei Stunden später hatte Ursula die erforderlichen Vermessungen durchgeführt und wollte in die Stadt zurückfahren. Da schlug Paolo ihr vor, zusammen in einer Trattoria ganz in der Nähe zu Mittag zu essen.

Zu seiner Überraschung willigte Ursula sofort ein.

Paolo konnte es nicht wissen, aber sie wollte den Moment hinauszögern, wenn sie mit Silvio allein war und ihm wieder einmal vormachen musste, dass sie seinen Lügen glaubte.

Sie fuhren mit Paolos Auto, Ursulas Wagen ließen sie vor dem Hof stehen. In der Trattoria saßen nur drei alte Bauern. Es war ein schöner sonniger Tag, sie beschlossen, sich ins Freie unter eine Laube zu setzen.

Als Ursula auf die Toilette ging schaute Paolo ihr hinterher, entzückt von ihrem Gang. Sie hatte einen weichen, leichten, doch fest am Boden haftenden Schritt, während das Muskelspiel der Beine zeigte, dass sie jederzeit bereit waren, ihren Rhythmus zu ändern. Es war ein Gang, der ihn an die Bewegungen von Katzen erinnerte.

Paolo war ein anregender Gesprächspartner, und nach einer Weile war klar, dass Ursula sich in seiner Gesellschaft wohl fühlte. Schon bald sorgten sie, fast unbewusst, dafür, dass ihre Blicke sich häufig trafen.

Als sie mit dem Essen fertig waren und auf den Kaffee warteten, erzählte Paolo von seiner Abneigung gegen Hunde jedweder Rasse. Ursula lachte.

«Ich verabscheue Katzen und Hunde», gestand sie, «doch Kater gefallen mir ausgesprochen gut.»

Paolo hatte keine Zeit, sie nach dem Grund zu fragen, denn genau in diesem Moment tauchte in der Nähe des Tisches eine Katze mit rötlichem Fell auf.

Die Katze und Ursula fixierten einander, als würden sie sich gegenseitig bedrohen. Verblüfft bemerkte Paolo, dass Ursula in steifer Haltung dasaß, alle Nerven angespannt. Die Katze sträubte das Fell, senkte die Ohren, ihr Schwanz bog sich, sie fauchte gefährlich, und einen Augenblick später griff sie an.

Das Tier sprang auf und flog durch die Luft, auf Ursula zielend. Als hätte diese den Angriff vorausgesehen, konnte sie ihr Gesicht im letzten Moment mit den Händen bedecken. Die Krallen der Katze zerkratzten ihre Handrücken, glücklicherweise keine tiefen Wunden.

Der Besitzer der Trattoria hatte nichts zum Desinfizieren im Haus, er entschuldigte sich ununterbrochen, während Paolo Ursulas Hände mit einer sauberen Serviette verband.

«Das ist unsere Hauskatze … so etwas hat sie noch nie getan … Ich verstehe nicht, was in sie gefahren ist …»

Sie fuhren rasch zum Hof zurück. Paolo öffnete den Arzneischrank, desinfizierte die Wunden und versorgte sie mit Pflastern.

Und gleich darauf, sie wussten selbst nicht, wie, fanden sie sich eng umarmt wieder und küssten sich leidenschaftlich.

An dem Tag gingen sie nicht weiter. Für Ursula war es zu spät geworden, sie musste nach Hause zurück. Zwei Tage später aber besuchte sie Paolo in seiner Wohnung, und sie wurden ein Paar.

In der ersten Nacht, die sie zusammen verbringen konnten, schlief Ursula nach der Liebe selig und zufrieden in Paolos Armen ein. Nach einer Weile hörte er, dass sie leise schnurrte. Sie erinnerte wirklich an eine Katze.

Von da an fielen ihm einige ungewöhnliche Dinge an ihr auf. Zum Beispiel ihre Vorlieben in Sachen Essen. Salat, Gemüse und Obst mochte sie nicht. Fleischstücke mussten noch von Blut triefen, roher Fisch war eins ihrer Lieblingsgerichte. Wenn die immer sehr manierliche Ursula sich nach beendetem Essen unbeobachtet glaubte, streckte sie die Zungenspitze heraus und fuhr sich damit rasch über die Lippen. Gleich danach überfiel sie ein herzhaftes Gähnen, das sie vergeblich hinter der Serviette zu verstecken versuchte.

Im Bett verlangte sie als Teil des Vorspiels ein ausgiebiges Kratzen am Rücken, den sie dabei vor Wonne krümmte.

Eines Tages wünschte Paolo sich das Gleiche von ihr,

und zu seinem großen Erstaunen verschaffte ihm das Kratzen lustvolle Befriedigung. Nach und nach ließ er sich auch von ihren kulinarischen Vorlieben anstecken. Er rang sich dazu durch, rohen Fisch zu probieren, den er vorher noch nie gegessen hatte, und es schmeckte ihm. Steaks ließ er sich zunehmend weniger durchgebraten servieren.

In trauter Zweisamkeit nannten sie einander Kätzchen und Kater. Manchmal, wenn Paolo in einem Sessel saß, sprang Ursula auf seinen Schoß und rollte sich zusammen, um sich über die Haare streichen zu lassen.

Nachmittags gingen sie, wenn ihnen etwas Zeit blieb, ins Kino, aber immer am Stadtrand, um unangenehme Begegnungen zu vermeiden.

Einmal entdeckten sie auf einer Piazza einen kleinen Zirkus, der auf Plakaten seine Löwennummer anpries. Ursula wollte in die Vorstellung gehen. Sie fanden noch zwei Plätze in der ersten Reihe.

Nach ein paar unbedeutenden Nummern wurde der Käfig für das wilde Tier aufgebaut, der Löwe in die Manege getrieben, und der Dompteur hielt seinen Einzug. Doch der Löwe erwies sich vom ersten Moment an als ungehorsam und unaufmerksam. Er witterte etwas in der Luft, blickte sich unruhig um. Vergebens hob der Dompteur die Stimme und ließ die Peitsche knallen.

Dann entdeckte der Löwe Ursula und bewegte sich langsam auf sie zu, bis sein Kopf die Gitterstäbe vor ihr berührte. Die Augen starr auf sie gerichtet, kauerte er nieder und verharrte hingebungsvoll in dieser Haltung. Nichts konnte ihn dazu bringen, sich vom Fleck zu rühren.

Die Leute begannen zu pfeifen, man begriff nicht, was da los war, die Nummer wurde abgebrochen. Doch es war ein hartes Stück Arbeit, das Tier aus der Manege zu bekommen.

Noch bevor die Vorstellung beendet war, wollte Ursula gehen. Doch draußen steuerte sie sofort auf die Zirkuswagen hinter dem Zelt zu.

Dort hockte der Löwe in seinem Käfig. Von den Zirkusleuten war niemand zu sehen, alle mussten beim großen Finale mitmachen. Unter Paolos entsetzten Blicken lief Ursula zu dem Löwenkäfig, der Löwe sah sie kommen und kauerte sich nieder. Sie streckte einen Arm durch die Gitterstäbe und kraulte ihn lange am Kopf.

Da kroch der Löwe näher auf das Gitter zu, bis seine Nasenspitze zwischen zwei Stäben herausragte. Ursula küsste sie, dann kehrte sie zu Paolo zurück. Dicke Tränen rollten ihr über die Wangen.

Noch am selben Abend fasste Paolo, allein in seinem Bett, einen Entschluss.

Er würde alles tun, damit Ursula sich von Silvio trennte und mit ihm zusammenlebte. Nach dem, was sie ihm anvertraut hatte, ging die Geschichte der beiden ohnehin ihrem Ende zu.

Er wollte Ursula heiraten und sie das ganze Leben lang an seiner Seite haben.

«Oder wenigstens so lange», schloss er, «bis sie auf die Idee kommt, mich zu zerfleischen.»

Venere

Eltern, die ihre Tochter Venus nennen, müssen über eine gehörige Dosis Leichtsinn verfügen.

In dem Moment, in dem ihm ein Name gegeben wird, ist jedes Neugeborene doch nichts als ein faltiges kleines Wesen, dessen Gesichtszüge an etwas zwischen Frosch und Äffchen denken lassen.

Vorherzusagen, wie es sich entwickeln wird, ist ein Wagnis. Und es Venus zu nennen, bedeutet auf jeden Fall, es Hohn und Spott preiszugeben, wenn es nur einigermaßen passabel gerät. Es bedeutet, dem Mädchen eine Verantwortung aufzubürden, die es sein ganzes zukünftiges Leben lang tragen wird: die Verpflichtung, seinem Namen immer Ehre zu machen.

Im Fall der Venus, die Marco kennenlernte, darf man vermuten, dass ihre Eltern über die Gabe der Hellseherei verfügten, denn mit zwanzig war ihre Tochter nicht nur entschieden schöner als schön, sie besaß auch einen geradezu magnetischen Körper, der sämtliche männlichen Wesen zwischen sechzehn und achtzig in einem Umkreis von mehreren hundert Metern anzog. Sie war das, was man in der Gegend, aus der ich komme, brutal, aber prägnant als «Frau fürs Bett» bezeichnet.

Zum ersten Mal sah Marco sie, doch nur flüchtig, in

Florenz auf der Piazza della Signoria, umringt von einem guten Dutzend Männer verschiedenen Alters. Sie scherzte unbefangen mit ihnen, Marco konnte nicht hören, in welcher Sprache, und als sie sich in Bewegung setzte und die Männerschar ihr folgte, kam er zu dem Schluss, sie müsse Fremdenführerin sein.

Am selben Abend ging er zum Bahnhof, um mit dem Nachtzug nach Siracusa zurückzufahren. In den vergangenen Tagen hatte es einen Eisenbahnerstreik gegeben, dies war der erste Zug, der nach Süden fuhr. Die Wagen quollen über von Fahrgästen, schon das Einsteigen war mühevoll. Zum Glück hatte Marco nur einen kleinen Koffer dabei. Nach ihm kam niemand mehr in das Abteil hinein. Er musste stehen, im Rücken die Abteiltür und vor sich zwei kreischende, dicke Frauen, die sich aus unerfindlichen Gründen in den Gang drängen wollten. Nach einer Weile, der Zug war schon losgefahren, gelang es ihnen. Doch das bedeutete mitnichten, dass nun mehr Platz da war, denn jetzt sah Marco sich gegen eine junge Frau gedrängt, in der er sofort die Fremdenführerin auf der Piazza della Signoria erkannte. Sie war gezwungen, sich mit ihrem ganzen Körper eng an seinen zu pressen, wie es manchmal zu Hauptverkehrszeiten in der Straßenbahn geschieht. Doch hier handelte es sich nicht um ein paar Haltestellen. Den zwanzigjährigen Marco quälte die Angst, der erregende Kontakt könnte zu unangebrachten Reaktionen bei ihm führen. Auch das Mädchen schien in Verlegenheit zu sein, denn es hielt seinen Kopf hartnäckig zur Seite gedreht, damit es ihm nicht ins Gesicht sehen musste. Wenn sie miteinander sprächen, dachte Marco, würde die Spannung sich vielleicht legen.

«Sie müssen mich bitte entschuldigen», sagte er, «aber ich kann Ihnen leider nicht mehr Platz machen.»

«Das verstehe ich», sagte sie.

Und endlich blickte sie ihn an. Blaue Augen, wunderschön.

«Ich … ich heiße Marco.»

«Ich heiße Venere.»

Er starrte sie entgeistert an. Zum ersten Mal lernte er ein Mädchen mit diesem Namen kennen. Und sie machte ihm alle Ehre.

«Sind Sie Fremdenführerin?»

«Ich? Nein, warum?», fragte sie erstaunt.

«Ich habe Sie vorhin auf der Piazza della Signoria mit einer Gruppe Männer gesehen …»

«Ach, die. Ich kannte sie nicht mal! Aber sie sind mir nachgelaufen. Nein, ich komme aus Catania, dort studiere ich an der Universität. Ich habe einen kleinen Ausflug nach Florenz gemacht, weil … ich wollte die *Geburt der Venus* von Botticelli sehen. Den ganzen Tag war ich auf den Beinen, jetzt bin ich todmüde. Ich hatte gehofft, wenigstens jetzt sitzen zu können, aber …»

Sie machte eine Pause. Dann fragte sie schüchtern: «Darf ich Sie um einen Gefallen bitten? Ich möchte aber nicht, dass Sie mich missverstehen.»

«Bestimmt nicht! Was kann ich für Sie tun?»

«Ich kann mich nicht mehr auf den Beinen halten. Würden Sie mich stützen?»

«Wie denn?»

«So.»

Sie legte ihre Arme auf seine Schultern, verschränkte sie hinter seinem Nacken und ließ sich fallen. Marco stützte sie, indem er die Hände hinter ihrem Rücken faltete. Dann lehnte er sich mit den Schultern an die Scheibe der Abteiltür und schob seine Beine etwas nach vorn. Wenn er diese schiefe Haltung einnahm, konnte Venere sich fast mit ihrem ganzen Gewicht auf ihn legen. Und Venere, die einen leichten, weiten Rock trug, spreizte die Beine, nahm Marcos Beine zwischen ihre, stützte die Füße fest auf den Boden und schlief langsam ein. Nach einer halben Stunde begannen Marcos Glieder zu schmerzen, und er machte eine kleine Bewegung, um mehr Halt zu haben. Nun begann Venere zu rutschen, und um zu verhindern, dass sie fiel, musste Marco sie weiter unten am Rücken mit den Händen festhalten.

So konnte er feststellen, dass das Attribut «Kallipygos», «die mit dem schönen Hintern», das dem Namen der Göttin Venus beigefügt wird, perfekt zu dieser irdischen Venus passte. Eine wonnevolle Qual, die bis Rom andauerte.

Hier stiegen unter lauten Rufen und wüstem Schubsen einige Passagiere aus, neue kamen hinzu. Marco mit seinem Koffer und Venere mit ihrer großen Sacktasche fanden sich in genau der gleichen Haltung wieder wie zuvor, doch diesmal im Gang vor der Wagentür. Unter deren Fenster stand schon seit der Abfahrt ein schwerer Holzkoffer, der vielleicht Musikinstrumente enthielt. Marco ließ Venere auf dem Koffer sitzen, keiner der Reisenden protestierte, vielleicht war der Kofferbesitzer weit weg.

Jetzt stellte Marco sich vor das Mädchen. Sie war noch immer müde, gähnte, lehnte ihre Stirn gegen seinen Bauch und schlief wieder ein.

Um zu verhindern, dass sie seitlich umkippte, hielt Marco sie an den Schultern fest.

In Neapel gab es abermals ein Gewühl, doch auf ihrer Seite konnte keiner einsteigen, die Tür wurde von dem Koffer versperrt. Der Zug fuhr ab. Diesmal stand Venere auf, verlangte, dass Marco sich auf ihren Platz setzte.

«Und du?»

«Wenn du nichts dagegen hast, setze ich mich auf deinen Schoß.»

Marco hatte nichts dagegen. Und so setzte sie sich auf seine Oberschenkel, ihm den Rücken zuwendend. Marco hielt sie fest, schlang die Arme um ihren Bauch.

Ihr Rücken lehnte an seiner Brust.

In Paola erneuter Aufruhr, wieder stiegen Leute ein, wodurch es noch enger wurde.

Marco stand auf, er wollte Venere seinen Platz überlassen. Doch sie ließ sich nicht überreden.

«Ist es dir sehr unangenehm, wenn ich mich wieder auf deinen Schoß setze?»

«Ganz und gar nicht.»

Venere setzte sich, doch diesmal rittlings, mit dem Gesicht zu ihm. Marco legte seine Hände auf ihren Rücken und drückte sie an sich, damit sie nicht kippte. Sie lehnte die Stirn auf seine Schulter und schlief wieder ein. Nach und nach fiel auch Marco in einen Halbschlaf.

Der Duft ihrer Haare wirkte wie ein Betäubungsmittel.

Irgendwann nahm er undeutlich wahr, dass die Eisenbahnwagen auf die Fähre verladen wurden. Er hatte Lust auf einen Kaffee, doch er wollte das Mädchen nicht stören.

Im ersten Licht des Tages wachten sie gleichzeitig auf. Sie lächelten einander an. Standen auf. Um sie herum schliefen die Reisenden. Kurz darauf hielt der Zug an. Der Bahnhof war auf der gegenüberliegenden Seite.

Durch das Fenster, vor dem sie saßen, sahen sie einen steilen Abhang, der zu einem kleinen Strand führte. Das Meer sah aus wie gemalt, so ruhig war es. Venere schob das Fenster herunter und atmete tief ein. Dann nahm sie ihre Sacktasche und öffnete die Wagentür.

«Kommst du mit?», fragte sie Marco, während sie über den Holzkoffer stieg.

Marco überlegte nicht einen Moment, ergriff sein Köfferchen und folgte ihr. Als sie den Hang hinunterliefen, hörten sie den Zug abfahren.

Sie kamen an den menschenleeren Strand. Von hier unten war der Bahnhof nicht zu sehen. Venere zog sich blitzschnell nackt aus, lief ins Wasser, schwamm ein paar Züge und kam zurück ans Ufer.

Und so war es Marco, einem Sterblichen, vergönnt, das Schauspiel zu erleben, wie die unsterbliche Göttin Venus aus dem Meerschaum geboren und von den ersten Sonnenstrahlen beschienen wird.

Lachend streifte sie Marco, den dieser Anblick gelähmt hatte, die Kleider ab, nahm seine Hand und zog ihn mit sich ins Meer. Das Wasser war eiskalt, doch seltsamerweise spürte er die Kälte nicht.

Sie kehrten an den Strand zurück. Venere hatte eine Senke im Gelände entdeckt, eine Art Höhle. Dorthin führte sie Marco, forderte ihn auf, sich neben sie niederzulegen. Dann flüsterte ihm die Göttin Venus, die sich seit ewigen Zeiten niemals eine Gelegenheit zur Liebe hatte entgehen lassen, ins Ohr: «Und jetzt tun wir wirklich all das, was wir heute Nacht simuliert haben.»

Winnie

Sie ist eine liebenswerte Dame um die fünfzig, pausbäckig, noch immer blond und verheiratet mit Willie, einem höflichen Sechzigjährigen, der wenig spricht und fast immer in seine Zeitung vertieft ist.

Auf das fortwährende Geschwätz seiner Frau antwortet Willie einsilbig oder mit kurzen Zitaten aus der Zeitung.

Würden wir die beiden im Radio hören, dächten wir an den banalen, unzusammenhängenden Dialog eines alten Ehepaars, das man sich sehr gut im Wohnzimmer vor dem brennenden Kamin vorstellen kann. Sieht man die Szene aber im Theater, bekommt jedes einzelne Wort das Gewicht eines dunklen, beklemmenden Traums.

Denn Samuel Beckett hat diese beiden einzigen Figuren seiner Komödie *Glückliche Tage* in ein ortloses Nichts versetzt, das aus einem sandigen Terrain mit einer Düne in der Mitte besteht. In diesem Sandhaufen steckt Winnie bis zur Taille, sie kann also nicht gehen.

Ihr Mann, der sich zwar fortbewegen kann, aber nur kriechend, hat einen eingeschlagenen Schädel und lebt in einer Aushöhlung der Düne in Winnies Rücken, sodass sie sich, weil sie halb begraben ist, verdrehen muss, um ihn von der Seite sehen zu können.

Die beiden sind typische Beckett-Figuren, wie auch

Nagg und Nell, der Vater und die Mutter von Hamm in dem Stück *Endspiel*. Hamms Eltern können sich nicht bewegen, sie leben jeder in einer Mülltonne, deren Deckel nur hochgehoben wird, wenn es Zeit für den «Brei» ist. Hamm wiederum ist blind und gelähmt, während sein Diener-Sohn Clov zu unaufhörlicher Bewegung verdammt ist. Weitere Figuren sind Larven oder kriechende Wesen in dunklen Röhren.

Und niemals, an keiner Stelle gibt es ein Warum, eine Erklärung, ein «Davor». Diese Figuren sind, wie sie sind, mehr nicht, sie existieren als lebende Metaphern eines Verfalls der Conditio humana.

Beckett hat sich Bosch und Brueghel sehr genau, bis in die winzigsten Details angeschaut, er hat die Blinden, die Krüppel, die Irren, die menschlichen Torsi gesehen, die sich auf groben, mit Rädern versehenen Holzplatten fortbewegen, und seine visionäre Kraft hat diese Lektion bis in die äußerste Konsequenz getrieben.

Ich kehre zu Winnie und Willie zurück. Anfang und Ende ihrer Tage werden vom unangenehmen Schrillen einer Glocke markiert.

Winnie hat in ihrer Reichweite alles, was sie braucht, nämlich eine große Einkaufstasche, die viele Gegenstände enthält, darunter eine Tube Zahnpasta, eine Zahnbürste, einen Kamm, einen Lippenstift und eine Nagelfeile. Sie besitzt außerdem einen kleinen Sonnenschirm und einen Revolver, den sie gelegentlich streichelt.

Und sie besitzt die Fähigkeit, pausenlos über alles zu monologisieren, was ihr durch den Kopf geht, auch wenn sie ihren Monolog als Dialog mit dem gleichgültigen Willie tarnt.

Winnie ist eine maßlos glückliche Frau.

Wenn die Glocke sie weckt, ist ihr erster Satz: «Wieder ein glücklicher Tag!»

Sie ist zutiefst überzeugt, dass jeder Tag ein glücklicher Tag ist, trotz allem, was passieren kann.

Aber kann in einer solchen Situation überhaupt etwas passieren?

Doch, es passiert etwas, und das sieht man am Beginn des zweiten Aktes.

Winnie ist noch tiefer versunken. Jetzt ragt nur noch ihr Kopf aus dem Sand heraus. Doch sie sieht noch immer alles durch eine rosarote Brille und schwatzt weiter, obwohl sie sich auch beklagt, dass sie die Dinge aus ihrer Einkaufstasche nicht mehr benutzen und sich nicht mehr umdrehen kann, um ihren Mann zu sehen.

Dadurch werden ihre Tage ein wenig eintöniger.

Nun wird Willie aus seinem Loch herauskommen und formvollendet gekleidet zu ihr kriechen. Und Winnie, die ihn liebevoll anschaut, wird ihrer Freude Ausdruck darüber verleihen, indem sie eine kleine Melodie singt.

Die Figur der Winnie hat mich immer fasziniert.

Alle Figuren Becketts sind schwer zu entschlüsseln, unzählige Bücher und Aufsätze in vielen Sprachen sind über sie geschrieben worden.

Die nächstliegende und eigentlich auch vernünftigste Frage, die der ahnungslose Leser oder Zuschauer sich stellt, ist, ob Winnie um ihre tragische Lebenssituation weiß oder nicht.

Ich sehe das Stück ungern auf dieser Ebene behandelt, doch ich würde sagen, ja, denn im zweiten Akt ist ihr die Verschlechterung ihrer Lage durchaus bewusst.

Einige behaupten, Winnie stelle in diesem Fall die Quintessenz der weiblichen Oberflächlichkeit dar. Ihre ganze Welt bestehe aus dem Lippenstift und dem Kamm.

Andere halten dem entgegen, dass es sich bei Winnie um den Inbegriff des weiblichen Mutes handelt, und zwar aus genau denselben Gründen. So hat Giorgio Strehler Winnie gedeutet, und unter seiner Regie wird sie zum Sinnbild eines hartnäckigen Lebenswillens.

Geht man jedoch auf diesem Weg weiter, wird aus *Glückliche Tage* ein Loblied auf die eheliche Liebe, denn als Winnie ihn nicht mehr sehen kann, kriecht Willie zu ihr.

Ich dagegen glaube, dass es die Gegenstände auf der Bühne sind, die uns den Schlüssel zur Interpretation geben. Gegenstände sind bei Beckett von entscheidender Bedeutung, kein einziger ist ohne Grund da. Eine Wissenschaftlerin hat zum Beispiel nachgewiesen, dass sämtliche Gegenstände, die im *Endspiel* zum Bühnenbild gehören, keiner mehr, keiner weniger, auf einem Stich von Dürer zu sehen sind.

Nun sind Lippenstift, Kamm, Feile, Zahnbürste natürlich Gegenstände, die sich in der Handtasche einer jeden Frau befinden könnten.

Aber der Revolver? Winnie behauptet, sie hat ihn ihrem Mann weggenommen.

Warum streichelt sie ihn von Zeit zu Zeit? Wohlgemerkt, sie berührt ihn nicht zufällig, sie nimmt ihn willentlich in die Hand und streichelt ihn.

Man kann nicht so tun, als bedeutete er nichts, und ihn einfach ignorieren. Er gehört nicht zu irgendeiner, sondern zu dieser Komödie. Die Waffe existiert, sie wird vorgezeigt, und vor allem wird sie gestreichelt.

Einmal habe ich unter meinen Studentinnen der Accademia d'Arte Drammatica eine Meinungsumfrage dazu gemacht. Die Antworten waren erstaunlich. Eine Studentin sagte, dass Winnie in der Waffe das Symbol für Willies Männlichkeit sehe, und darum …

Ich habe meine eigene Meinung. *Glückliche Tage* ist ein philosophisches Drama, eine Tragödie über die Willensfreiheit. Und die Waffe ist das Mittel, welches die Wahlmöglichkeit bietet.

Ich lasse diese Frage offen.

Doch wie auch immer man dieses Stück interpretiert, Winnie wird, dessen bin ich sicher, immer der faszinierendste Ausdruck des unlösbaren Rätsels Frau bleiben.

Xenia

Eines Tages erhielt Paolo einen Anruf von seinem Kollegen und Freund Piero, der eine Zahnarztpraxis in Varese hatte. Piero lud ihn für den kommenden Abend in ihr gewohntes Restaurant ein. Paolo sagte zu, denn sie hatten sich seit etwa fünf Monaten nicht gesehen. Piero kam von Zeit zu Zeit nach Mailand, und wenn sie konnten, gingen die beiden zusammen essen.

Als Erstes kamen sie bei diesen Gelegenheiten auf ihre Studienzeit zu sprechen, denn sie hatten zusammen studiert. Von der Vergangenheit gingen sie dann zu ihrer gegenwärtigen Situation über.

Beide konnten sich über ihre Karriere nicht beklagen. Die knapp über Vierzigjährigen besaßen jeweils in Mailand und Varese gutgehende, teure Praxen mit einer exklusiven Kundschaft, und ihr Bankkonto war üppig.

Darum bestand die «gegenwärtige Situation» in ihren Gesprächen aus Frauen.

Piero war verheiratet und Vater eines Sohnes, doch als unverbesserlicher Frauenheld hatte er dem Freund stets von zahlreichen Affären zu erzählen; Paolo war Junggeselle, aber in eine lange, quälende Beziehung zu einer verheirateten Frau verwickelt, die er zu lieben glaubte. Und auch er vertraute dem Freund sein Liebesleid an.

An diesem Abend übersprang Piero die einleitenden Erinnerungen an die Studienzeit und kam sofort zum Wesentlichen.

Er erzählte, dass vor über vier Monaten eine Traumfrau in seiner Praxis erschienen war, eine fünfundzwanzigjährige Ukrainerin mit Namen Xenia, groß gewachsen, Haare wie reifer Weizen, lange, perfekte Beine, ein Busen, an den man besser nicht zu oft dachte. Sie hatte ihm einen Brief von Professor Panzani überreicht, dem einstigen Dozenten von Piero und Paolo an der Universität, mit dem Piero in Kontakt geblieben war. Professor Panzani bat seinen ehemaligen Studenten um den Gefallen, die junge Frau, Tochter eines befreundeten ukrainischen Kollegen, als Zahnarzthelferin anzustellen, bis sie ihr Diplom als Dentalhygienikerin mache. Xenia legte ihm ihre Aufenthaltsbescheinigung und andere Papiere vor, alle in schönster Ordnung, einschließlich der begeisterten Empfehlungen dreier Zahnarztpraxen, zwei ukrainischer und einer italienischen, wo sie zuvor gearbeitet hatte.

Piero hätte sie auch angestellt, wenn sie wegen eines terroristischen Anschlags verurteilt und aus einem Hochsicherheitsgefängnis geflohen wäre.

Um es kurz zu machen: Eine Woche nachdem sie ihren Dienst angetreten hatte, schritt Xenia über die Schwelle der verschwiegenen kleinen Wohnung, die Paolo für dergleichen Zwecke angemietet hatte.

Und von dem Moment an wurde sie dort zum einzigen Gast, weil, so erklärte Piero dem Freund, er sich erstens rasend in sie verliebt hatte und seine Liebe erwidert wurde – freilich mit einem etwas geringeren Grad an Raserei – und Xenia zweitens im Intimleben überaus gründlich war. Nach einem «Gespräch» mit ihr hatte man mindestens vierundzwanzig Stunden lang keine Stimme mehr.

Außerdem hatte Piero durch den täglichen Umgang weitere Tugenden an ihr entdeckt, wie ein sanftmütiges Wesen, Gutherzigkeit, Uneigennützigkeit und insbesondere größte Loyalität in allem, was sie tat. Ergo war sie nicht nur eine phantastische Geliebte, sondern auch eine Freundin, auf die man sich verlassen konnte.

Alles war nach Wunsch verlaufen, bis vor drei Tagen.

Eine Verkettung ungünstiger Umstände war der Grund, weshalb die beiden sich etwa eine Woche lang nicht hatten treffen können. An jenem verfluchten Abend ließ Piero seine Angestellte am Patientenempfang früher nach Hause gehen und sagte ihr, er werde die Praxis später selbst abschließen. Kaum waren Xenia und er allein, begannen sie, ihre angestaute Begierde auf dem Sofa im Wartezimmer zu befriedigen.

Sie konnten nicht wissen, dass das Schicksal gegen sie arbeitete.

Denn Pieros Frau hatte bemerkt, dass ihr Mann seinen Schlüssel zu Hause vergessen hatte, und beeilte sich, ihn ihm persönlich zu bringen. Ihre gemeinsame Wohnung lag nicht weit von der Praxis entfernt.

Sie trat ein, sah, schrie und wurde ohnmächtig.

Die Folge war Xenias augenblickliche Entlassung.

«Und jetzt», sagte Piero, «kommst du ins Spiel. Ich appelliere an deine Freundschaft. Stell Xenia ein! Natürlich darf sie nur dir persönlich als Zahnarzthelferin assistieren, dir vertraue ich. Unterdessen richte ich es so ein, dass ich sie mindestens einmal die Woche hier in Mailand besuchen kann. Ich bin wirklich verzweifelt. Ich kann ohne sie nicht sein.»

Und mit finsterer Miene fügte er hinzu: «Andernfalls bin ich entschlossen, Frau und Kind zu verlassen, um mit ihr zusammenzuleben.»

Paolo willigte ein, hauptsächlich weil er fürchtete, der Freund würde seine Familie zerstören. Sie vereinbarten, dass Piero spätestens in vier Tagen von sich hören lassen würde.

Am nächsten Tag stellte Xenia sich in Paolos Zahnarztpraxis vor. Sie war sogar noch schöner, als Piero sie beschrieben hatte.

Vom ersten Moment an bewirkte Xenias Anwesenheit eine merkliche Veränderung im Verhalten der Patienten.

Paolo musste feststellen, dass diejenigen, die er als die Ängstlichsten kannte, bei denen schon das Geräusch des Bohrers genügte, um Schweißausbrüche auszulösen, eine fast draufgängerische Unerschütterlichkeit an den Tag legten, sobald Xenia sich lächelnd über sie beugte, um ihnen das Lätzchen anzulegen und ihr großzügiges Dekolleté wenige Zentimeter vor ihren Augen schweben zu lassen.

Umgekehrt benahmen die Mutigsten sich plötzlich wie Kinder, verlangten von Xenia, ihnen den Becher mit Wasser zu reichen, damit sie sich vorher den Mund ausspülen konnten, und wollten nur in die Schüssel spucken, wenn sie ihnen den Kopf stützte.

Sechs Tage vergingen, ohne dass Paolo eine Nachricht von Piero erhalten hatte. Er fragte Xenia nach ihm. Sie antwortete, auch sie wisse nichts, und fügte hinzu, er habe sie dringend gebeten, ihn nicht anzurufen. Paolo wunderte sich. Dieses Verhalten schien ihm nicht recht zu blinder Leidenschaft zu passen. Was mochte geschehen sein? Am nächsten Tag rief er bei Pieros Praxis in Varese an.

Ängstlich flüsternd erklärte ihm Piero, dass er sich keine Minute frei bewegen könne, seine Frau überwache ihn streng. Ihre Spitzel seien auch an seinem Arbeitsplatz, sie habe mit Scheidung gedroht, und das würde seinen Ruin bedeuten, denn das Geld für die Praxis sei von seiner Frau gekommen. Paolo solle Xenia bitte sagen, sie müsse Geduld haben, früher oder später werde er eine Lösung finden …

In sehr vorsichtig gewählten Worten erstattete Paolo Bericht. Xenia blickte ihn an, lächelte und sagte: «Das habe ich erwartet. Er wird niemals mehr einen Streit mit seiner Frau riskieren.»

Sie schien nicht bekümmert, im Gegenteil.

«Wie sagt ihr in Italien? Ist ein Papst gestorben, wählt man den nächsten. Niemand ist unersetzlich.»

Und sie küsste ihn zärtlich auf den Mundwinkel. Ein klein wenig länger als angebracht.

So begriff Paolo, dass er Papstkandidat geworden war.

Ein paar Tage lang zeigte er sich gleichgültig, nicht zuletzt weil es ihm schwerfiel, Paolo zu hintergehen. Doch die zärtliche Geste, diese weichen Lippen auf seiner Haut, konnte er nicht vergessen.

Fünf Tage nach diesem Kuss, und es war nicht einmal Absicht, überstürzten sich die Ereignisse in Paolos Beziehung zu der Frau, die er zu lieben glaubte. Sie stritten aus lächerlichen Gründen, böse Worte fielen, niemals hätten sie gedacht, dass sie einander so etwas antun konnten. Sie trennten sich.

Gleichzeitig überstürzten sich auch die Ereignisse in seiner Beziehung zu Xenia, jedoch in umgekehrter Richtung.

An jedem Tag, den er mit Xenia verbrachte, zeigte sie sich liebenswürdiger, zärtlicher, aufmerksamer, ließ sich ablenken, wenn sie ihn erblickte, lächelte ihm zu, streifte ihn zufällig, als wollte sie ihn ihre körperliche Anwesenheit spüren lassen.

Und Paolos Wachsamkeit ließ nach, er war besiegt. Er lud sie zum Abendessen ein, dann auf ein Glas bei sich zu Hause. Seit dieser Nacht waren sie unzertrennlich.

Sie waren gerade mal einen Monat zusammen, da bat Paolo sie, ihn zu heiraten.

Doch Xenia lehnte ab.

Niedergeschmettert fragte Paolo nach dem Grund.

Xenia beharrte auf ihrer Weigerung.

Doch am Ende gewann Paolo.

Xenia sagte, sie habe aus Rücksicht auf ihn abgelehnt. Er habe es zwar noch nicht gemerkt, aber sie sei schwanger. Es musste passiert sein, als Piero und sie zum letzten Mal zusammen gewesen waren, in jener verfluchten Nacht in der Praxis.

Für Paolo war das ein harter Schlag, aber noch im selben Moment, da Xenia ihm dieses Geständnis machte, begriff er, dass er ohne sie nicht leben konnte.

Drei Monate später heirateten sie standesamtlich, nur mit Trauzeugen.

Noch am Tag ihrer Rückkehr aus den kurzen Flitterwochen ging Paolo in seine Praxis, wo er sich von einem Kollegen hatte vertreten lassen.

Vorher hatte er Xenia gesagt, dass er gegen acht Uhr

nach Hause kommen werde, um sie zum Abendessen aus-
zuführen. Doch er kam eine Stunde früher.

Als er eintrat, hörte er Xenia telefonieren.

«Hab ich dir nicht gesagt, dass es klappen würde? Jetzt
ist er offiziell Vater des Kindes. Alles in Ordnung. Piero,
mein Liebster, wann sehen wir uns endlich? Ich sterbe,
wenn ich so lange ohne dich sein muss.»

Yerma

Als ich ein Kind war und viel Zeit bei den Großeltern auf
dem Land verbrachte, sah ich jeden geschlagenen Freitagmorgen im ummauerten Innenhof ihres Gutshofs
eine alte zerlumpte Frau auftauchen, schmutzig, ganz in
Schwarz gekleidet, die um Almosen bettelte.

Eigentlich bettelte sie nicht, sie kam, lehnte sich an
den Bogen des großen, mit Eisen beschlagenen Eingangs-
tors und blieb dort stehen, reglos, schweigend, den Kopf
gesenkt, das Gesicht mit dem Schultertuch bedeckt. Ich
glaube, ich habe ihr nie ins Gesicht blicken können.

Keine der Frauen im Hof, Bäuerinnen oder Mägde,
grüßte sie, doch eines der Dienstmädchen beeilte sich,
Großmutter Elvira zu benachrichtigen, dass «die da» gekommen sei. Ihren Namen sprachen sie nicht aus. Dabei
kannten sie die anderen Bettler, die schon bald eintreffen
und hier Schlange stehen würden, alle mit Namen und
Nachnamen.

Jeden Freitagmorgen und jeden Sonntag kam ein Priester aus dem Ort, der in unserer Hauskapelle die Messe
feierte. Daran nahmen nicht nur Großmutter und ihre
Familie teil, sondern auch die Dienstmädchen und Bäuerinnen.

Wenn der Priester am Freitagmorgen wieder gegangen

war, begann eine andere Zeremonie, die der Almosen, und die wurde von meiner Großmutter Elvira zelebriert. Sie saß im Schatten neben dem Eingangstor zum Hof, vor sich einen Tisch mit Schüsseln warmer Suppe, auf den Knien ein Ledersäckchen voll kleiner Münzen.

«Küss die Hand, Donna Ervi», sagte der Erste in der Reihe und trat näher.

«Ich grüße dich, Totò.»

Sie nahm ein paar Münzen aus dem Säckchen und legte sie dem Bettler auf die flache Hand.

«Iss ein bisschen Suppe, Totò.»

Auf ihren Wink reichte eines der Dienstmädchen ihm eine Schüssel. Der Zweite in der Schlange näherte sich.

Wenn die Zeremonie beendet war und ihr Mann, seine Kinder und ich zum Mittagessen gingen, blieb Großmutters Platz am Tisch leer. Sie würde fasten und ihrem Gott dieses Fasten darbringen, damit er das Elend der Hungernden in aller Welt beseitigte.

Mit «der da» aber wollte sie keinen direkten Kontakt. Da die Bettlerin immer lange vor Beginn der Zeremonie auftauchte, legte Großmutter ein paar Münzen und einen zwei Pfund schweren Brotlaib bereit und gab das Ganze einem Dienstmädchen, die es der Alten überreichte. Die Alte steckte sich das Geld in die Tasche, nahm das Brot, drehte sich um und ging, ohne zu danken und sich zu verabschieden.

Ich war zwölf, als «die da» nicht mehr kam. Ich begriff, dass ich besser nicht mit Großmutter darüber sprach, also fragte ich ein Dienstmädchen nach ihr.

«Die ist gestorben», antwortete das Mädchen.

«An Altersschwäche?»

«Nein, mein Herr, ein böser Tod. An einen Baum hat sie sich gehängt.»

Sie hatte sich umgebracht.

Ich erinnere mich genau, dass mich das aufwühlte. Denn ich hatte immer großes Mitleid mit dieser Frau, wenn ich sie am Torbogen warten sah. Eines Tages hatte ich beobachtet, wie einer unserer Hunde zu ihr lief, sie beschnüffelte, ein Bein hob und ihr auf den Fuß pinkelte. Sie rührte sich nicht.

Und auch Großmutter, die doch zu allen so gut und barmherzig war, warum behandelte sie diese Frau so?

Minicu, der Halbpächter, gab meinem Drängen nach und erzählte mir die Geschichte in groben Zügen.

«Die da», auch er nannte sie so, weil er ihren Namen vergessen hatte, heiratete mit achtzehn einen Bauern, fleißig, ein guter Arbeiter, er hieß Neli. Nach drei Jahren Ehe hatte das Paar noch immer keine Kinder. So hatte «die da» sich an eine Zauberin gewandt, die ihr offenbart hatte, dass nicht sie unfruchtbar sei, sondern ihr Mann. Die Folge war, dass «die da» ihn zu hassen begann. Überall erzählte sie, dass sie von Neli getäuscht worden sei, sie hatte ihn geheiratet, um Kinder zu bekommen, nicht um einem Mann das Essen zu kochen, der nicht mal ein richtiger Mann war.

Sie behauptete, Neli habe sie herabgesetzt, denn eine verheiratete Frau, die von ihrem Mann keine Kinder bekommen kann, ist eine, der das Recht auf ihr Muttersein verweigert wird. Und wenn eine Frau nicht Mutter ist, was ist sie dann? Ein Obstbaum, der keine Früchte gibt, ein Nichts, ein armseliges Stück Holz, nur gut, um zu brennen.

Und dann, sagte Minicu, «fing die Verrücktheit bei ihr an».

Eines Tages ging sie zur Zauberin und ließ sich von ihr zu einem hohen Preis ein starkes Gift geben, das keine Spuren hinterließ. Sie zahlte mit dem Geld, das sie eigens für diesen Zweck gespart hatte.

Und ohne lang zu zögern, tat sie ihrem Mann das Gift in die Suppe.

Neli starb. Der Maresciallo der Carabinieri hatte zwar einen Verdacht, doch die Autopsie ergab nur einen Herzstillstand.

Nachdem die Trauerzeit vorüber war, verlobte sich «die da» mit einem Witwer, der zwei Kinder hatte. Also mit einem Mann, bei dem es keinen Zweifel gab, dass er fortpflanzungsfähig war. Doch heiraten konnte sie ihn dann nicht, denn unterdessen war die Zauberin verhaftet worden, weil ein Mädchen, bei dem sie eine Abtreibung vorgenommen hatte, gestorben war. Und sie gestand außerdem, «die da» mit Gift versorgt zu haben. Während des Prozesses sprach «die da» kein Wort zu ihrer Verteidigung.

Es gab keine Milderungsgründe, sie wurde zu dreißig Jahren Gefängnis verurteilt. Hätte sie ihren Mann umgebracht, weil sie in einen anderen Mann verliebt war, wäre das Strafmaß höchstwahrscheinlich milder ausgefallen.

Nachdem sie die volle Strafe abgesessen hatte und wieder freikam, wollte niemand ihr eine Arbeit geben, nicht einmal der Pfarrer. Sie musste betteln gehen.

Diese Geschichte trug ich lange mit mir herum. Dann las ich eines Tages *Yerma* von Federico García Lorca, ein Drama, das eine ähnliche Geschichte erzählt, allerdings mythisch und lyrisch überhöht.

Und von dem Tag an hatte «die da» endlich einen Namen für mich. Yerma natürlich.

Zina

Ich war auf der Fähre Neapel-Palermo, hatte zu Abend gegessen und verspürte große Lust, meine Lungen mit salziger Luft zu füllen. Die ersten zwanzig Lebensjahre habe ich in einem Haus verbracht, das ein paar hundert Meter vom Meer entfernt lag, in manchen Winternächten drang das Geräusch der Wellen bis in mein Schlafzimmer und sang mir ein Schlaflied. Jetzt war ich zu lange in der Stadt gewesen, hatte den Smog inhaliert. Also ging ich an Deck, ein starker Wind wehte, ich fand einen geschützten Platz, setzte mich auf eine Truhe mit Rettungsringen und zündete mir eine Zigarette an.

Ich war allein, von Zeit zu Zeit versuchte jemand, einen Spaziergang an Deck zu machen, doch der Wind brachte ihn schnell von seinem Vorhaben ab. Ich hing meinen Gedanken nach und verlor jegliches Zeitgefühl. Plötzlich bemerkte ich, dass es schon kurz nach Mitternacht war. Ich ging wieder hinein, stieg eine Treppe hinunter, kam am Büro des Zahlmeisters vorbei, dessen Schalterfenster noch geöffnet war, und wollte gerade die nächste Treppe nehmen, die in den Gang zu meiner Kabine führte, als ich ein Geräusch hörte und stehen blieb. Vor dem Fenster, hinter dem der Zahlmeister saß, stand ein Mädchen und flehte: «Bitte! Ich bitte Sie!» Sie war in Tränen aufgelöst.

Ein ungewöhnliches Schauspiel. Ich tat, als wäre ich in die Lektüre eines Plakats mit Hinweisen für die Schiffsreisenden vertieft. Der Zahlmeister sah das Mädchen mitleidig an, schüttelte aber verneinend den Kopf.

«Glauben Sie mir, Signorina, wenn ich könnte ... Doch die Vorschriften sind sehr streng. Kein Passagier darf ins Unterdeck hinuntergehen, sobald das Schiff abgefahren ist.»

«Aber ich muss etwas holen, was ich im Auto vergessen habe!»

Der Zahlmeister zuckte bedauernd die Achseln. Das Mädchen weinte noch heftiger.

«Lassen Sie doch einen Matrosen mitgehen!»

«Auch das ist nicht möglich.»

Das Mädchen schlug die Hände vors Gesicht. Ihre Schultern bebten unter den Schluchzern. Der Zahlmeister wirkte sehr verlegen.

«Ich möchte nicht indiskret sein, aber darf ich Sie fragen, was Sie vergessen haben?»

«Ein Schlafmittel. Ich brauche es. Wenn ich es nicht nehme, schlafe ich nicht. Und wenn ich dann für ein paar Minuten lang einnicke, habe ich schreckliche Albträume. Am nächsten Tag bin ich zu nichts zu gebrauchen, fühle mich wie betäubt. Dabei habe ich doch morgen eine lange Autofahrt vor mir ...»

«Wollen Sie mir den Namen des Schlafmittels sagen?»

Das Mädchen nannte ihn. Sie sprach ihn aus, wie ein Verdurstender in der Wüste vom Wasser spricht, mit einem herzzerreißenden Laut.

«Na gut, ich gehe mal nachschauen, ob es zufällig ...», sagte der Zahlmeister und verschwand.

Das Mädchen fing an zu beten, die Hände gefaltet, den Blick auf das Kruzifix gerichtet, das an der Wand im Büro hing. Der Mann kam zurück, sagte bekümmert: «Tut mir leid. Im Medizinschrank ist es nicht. Bitte entschuldigen Sie mich jetzt.»

Und er schloss das Schalterfenster. Langsam gaben die Beine des Mädchens nach. Ich eilte zu ihr und umfasste ihre Taille. Sie blickte mich an, aber sie sah mich nicht.

«Ich gebe Ihnen das Mittel.»

Sie verstand nicht, hatte Mühe, mich direkt anzusehen.

«Was haben Sie gesagt?»

«Dass ich Ihnen das Mittel gebe.»

«Ist das Ihr Ernst?»

«Ja.»

«Dann geben Sie es mir.»

«Ich habe es nicht bei mir. Es ist in meiner Kabine. Kommen Sie, folgen Sie mir.»

Sie rührte sich nicht vom Fleck, sah mich misstrauisch an. Ich begriff, woran sie dachte.

«In Ordnung», sagte ich, «warten Sie hier auf mich. Ich gehe es holen.»

«Ich komme mit Ihnen», sagte sie.

Sie wollte mich nicht aus den Augen verlieren. Sicher glaubte sie, dass ich sie unter diesem Vorwand in meine Kabine locken wollte, doch wenn ich womöglich die Wahrheit gesagt hatte?

Meine Kabine war die einzige, deren Tür geschlossen war. Die Türen der anderen standen alle offen, dahinter sah man viele junge Leute, Amerikaner, die sich laut unterhielten, tranken, kicherten, einige liefen im Gang hintereinander her.

Ich trat ein, sie blieb an der Türschwelle stehen. Ich nahm meinen kleinen Koffer, legte ihn auf den Nachttisch, öffnete ihn und holte die Schachtel mit dem Schlafmittel heraus. Sie erkannte die Packung, stieß einen Schrei aus, stürzte auf mich zu, kniete nieder und fing an, mir die Hände zu küssen. Zwei oder drei Amerikaner bemerkten die Szene, riefen nach den anderen.

«Schließen Sie die Tür!», befahl ich dem Mädchen.

Sie stand auf, verschloss die Tür mit dem Schlüssel. Ich nahm die Packung zwischen zwei Finger und zeigte sie ihr, nur damit sie mir sagte, ob die Tabletten so dosiert waren wie die, die sie nahm.

«In Ordnung, ja, gut», sagte sie in einem Ton, der mir sonderbar und unpassend vorkam. Es klang resigniert.

Ich drehte mich um, öffnete die Packung, nahm eine Tablette heraus, legte sie auf den Nachttisch, verschloss die Packung wieder und steckte sie zurück in den Koffer. Dann drehte ich mich um.

Das Mädchen hatte sich nackt ausgezogen, seine Kleider lagen am Boden.

«Was tust du denn da?»

«Wolltest du keinen Gegendienst?», fragte sie überrascht.

Ihren ausländischen Akzent hatte ich schon vorher bemerkt, jetzt hatte sie ihn jedoch weniger unter Kontrolle.

Ich war gekränkt. Für wen hielt sie mich? Sie hatte die Geste missverstanden, mit der ich ihr die Packung gezeigt hatte. Ich sagte, ich wolle keine Gegenleistung. Verwundert zog sie sich wieder an.

«Was willst du dann?»

«Nichts.»

Sie stand reglos da, verwirrt, wusste nicht, was sie tun sollte. Dann gab sie sich einen Ruck.

«Darf ich?», fragte sie, die Hand nach der Tablette ausstreckend.

Sie schluckte die Tablette ohne Wasser. Lächelte. Sie musste unter dreißig sein, eine sehr hübsche junge Frau mit einem äußerst verlockenden Körper.

«Bist du müde? Kann ich dir Gesellschaft leisten, bis die Pille wirkt?»

Sie erzählte mir ihr Leben. Sie hieß Zina und kam aus einem Land in Osteuropa. Sie arbeitete als Haushälterin (damals war der Begriff der privaten Altenpflegerin noch nicht in Gebrauch) eines alten Mannes, der auf diesem Schiff in einer anderen Kabine schlief. Der Alte bezahlte sie gut, verlangte aber jeden Abend eine Kleinigkeit von ihr. Ob ich verstand? Ich verstand. Sie war das Kind von Bauern, ihr Vater hatte sie vergewaltigt, als sie vierzehn war, dann hatte es der älteste Bruder getan, nach einiger Zeit auch der jüngere. Sie war die einzige Frau im Haus, die Mutter war vor Jahren gestorben. Um genügend Geld zusammenzukratzen und endlich abhauen zu können, hatte sie alle erdenklichen brutalen Übergriffe erduldet. In Italien hatte es dann immer wieder ein «Gegendienst» sein müssen, fortwährend, ununterbrochen: um das Einreisevisum zu bekommen, die Aufenthaltsgenehmigung, um eine Wohnung zu finden, eine Arbeit … Oft war sie betrogen worden, man hatte verlangt, dass sie im Voraus gab, hinterher hatte man ihr das Versprochene verweigert.

Dies war das erste Mal, dass sie etwas ohne Gegendienst erhielt.

«Vielleicht ist das ein gutes Zeichen», seufzte sie.

Sie nahm meine Hand, küsste sie und sah mich an.

«Ich hab dich gern», sagte sie.

Und ging.

Anmerkung des Autors

Dies ist ein höchst subjektives Verzeichnis von Frauen; solchen, die es in der Geschichte wirklich gab oder die in literarischen Werken erschaffen wurden, und solchen, die ich kannte oder von denen mir erzählt wurde und die mir auf die eine oder andere Weise im Gedächtnis geblieben sind.

Das Verzeichnis hat also nicht den Ehrgeiz, eine Abhandlung über die Frauen im Allgemeinen zu sein, es beabsichtigt nicht, Bilanz zu ziehen, psychologische Deutungen anzustellen oder in das Labyrinth des weiblichen Universums einzudringen.

Ich wollte schlicht und einfach eine Tatsache, eine Begegnung, eine Geschichte, einen Leseeindruck vom Gedächtnis auf das Papier übertragen. Andere Absichten darin zu suchen, wäre ein sinnloses Unterfangen.

Die persönlichen Begegnungen liegen teilweise so weit zurück, dass sie, glaube ich, Verjährung beanspruchen dürfen.

Jedenfalls könnte ich nicht beschwören, dass sie wirklich passiert sind, möglicherweise habe ich sie erfunden oder geträumt und dann im Lauf der Zeit für wahr gehalten.

Ehrlich gesagt, hätte ich niemals für möglich gehalten, dass ich einmal ein so intimes Buch über die Frau veröffentlichen würde. Doch ebenso wenig hätte ich gedacht, dass wir in Italien im Jahr 2013 gezwungen sein könnten, ein Gesetz gegen «Feminizid», gegen die Ermordung von Frauen wegen ihrer Zugehörigkeit zum weiblichen Geschlecht, zu verabschieden.

Quellen

Zitat aus: Dante Alighieri's lyrische Gedichte und poeti-
scher Briefwechsel. Übersetzung von Paul Heyse

Zitat aus: William Shakespeare, Othello. Übersetzung von
Erich Fried

Zitat aus: William Shakespeare, Gesammelte Werke, 3. Bd.
Übersetzung von Wolf Graf Baudissin

Salvatore Quasimodo, Gedichte 1920–1965, Übersetzung
von Christoph Ferber

Weitere Titel von Andrea Camilleri

Aussetzer

Das graue Kleid

Das Medaillon

Das süße Antlitz des Todes
(mit Carlo Lucarelli)

Die Farbe der Sonne

Die Pension Eva

Ein Samstag unter Freunden

Frauen

Mein Ein und Alles

Von der Liebe zum Radfahren

Metamorphosen-Trilogie

Die Frau aus dem Meer

Der Bahnwärter

Der Hirterjunge